Alfabetização e letramento

Conselho Acadêmico
Ataliba Teixeira de Castilho
Carlos Eduardo Lins da Silva
Carlos Fico
Jaime Cordeiro
José Luiz Fiorin
Tania Regina de Luca

Proibida a reprodução total ou parcial em qualquer mídia
sem a autorização escrita da editora.
Os infratores estão sujeitos às penas da lei.

A Editora não é responsável pelo conteúdo deste livro.
A Autora conhece os fatos narrados, pelos quais é responsável,
assim como se responsabiliza pelos juízos emitidos.

Consulte nosso catálogo completo e últimos lançamentos em **www.editoracontexto.com.br**.

Magda Soares

Alfabetização e letramento

Copyright © 2003 da Autora

Todos os direitos desta edição reservados à
Editora Contexto (Editora Pinsky Ltda.)

Diagramação
Denis Fracalossi
Gisele Gonçalves
Gustavo S. Vilas Boas

Revisão
Vera Lúcia Quintanilha
Daniela Marini Iwamoto

Capa
Antonio Kehl

Dados Internacionais de Catalogação na Publicação (CIP)
Andreia de Almeida CRB-8/7889

Soares, Magda
Alfabetização e letramento / Magda Soares. –
7. ed., 8ª reimpressão. – São Paulo : Contexto, 2025.
192 p.

Bibliografia
ISBN 978-85-7244-985-4

1. Alfabetização 2. Letramento 3. Língua portuguesa –
Estudo e ensino 4. Prática de ensino I. Título

16-1387   CDD 372.4

Índice para catálogo sistemático:
1. Alfabetização

2025

EDITORA CONTEXTO
Diretor editorial: *Jaime Pinsky*

Rua Dr. José Elias, 520 – Alto da Lapa
05083-030 – São Paulo – SP
PABX: (11) 3832 5838
contato@editoracontexto.com.br
www.editoracontexto.com.br

Sumário

Prefácio 7

PARTE 1
Concepções
As muitas facetas da alfabetização 13
Letramento e alfabetização: as muitas facetas 29
Em busca da qualidade em alfabetização: em busca... de quê? 51
Alfabetização e letramento: caminhos e descaminhos 61

PARTE 2
Práticas
Novas perspectivas do ensino da Língua Portuguesa:
implicações para a alfabetização 71
Alfabetização: a (des)aprendizagem das funções da escrita 91
Alfabetização: em busca de um método? 115
O que funciona na alfabetização? 131
Educação infantil: alfabetização e letramento 137

PARTE 3
Concepções e práticas: uma perspectiva político-social
Língua escrita, sociedade e cultura:
relações, dimensões e perspectivas 147
Alfabetização e cidadania 169
Paulo Freire e a alfabetização: muito além de um método 177

A autora 187

Prefácio

A primeira edição deste livro, datada de 2003, propôs a leitura de uma seleção de artigos de minha autoria, publicados nas duas últimas décadas do século passado (de 1985 a 1998), sobre os temas *alfabetização* e *letramento*. A esta nova edição acrescento quatro artigos sobre esses mesmos temas, publicados posteriormente, na primeira década do século atual (de 2004 a 2009). A justificativa para esta edição ampliada da coletânea de artigos é a mesma já apresentada para a edição anterior, e retomo-a aqui: a conveniência de reunir em livro textos de um gênero em princípio efêmero, como são os artigos acadêmicos.

Artigos são muitas vezes efêmeros porque em geral têm por objetivo divulgar, em determinado estágio da construção de conhecimentos em uma área, pesquisas e estudos recém-concluídos, ou até mesmo ainda em fase de elaboração. Essa efemeridade, porém, não é inerente a eles: se os temas de que tratam perduram, não perdem a atualidade, continuam ao longo do tempo, presentes em periódicos, congressos, seminários, conferências; se os problemas que discutem não se resolvem, persistem em debates, controvérsias, polêmicas, sua possível contribuição ao esclarecimento desses temas e problemas permanece. Justifica essa afirmação o fato de que certos artigos são citados e referenciados com frequência e, décadas após sua publicação, fotocópias circulam, reproduções nos meios digitais se multiplicam.

Nesses casos, parece pertinente e até necessário reuni-los em livros, que têm natureza mais duradoura, socializam de forma mais ampla reflexões sobre temas e problemas ainda atuais, facilitam o acesso a textos dispersos ao longo do tempo, em vários periódicos, mantêm sob o olhar da crítica ideias e argumentos ainda objeto de debates e confrontos.

Assim, os artigos reunidos na primeira edição deste livro, como dito no início deste prefácio, embora publicados nas duas últimas décadas do século passado, são aqui mantidos porque os temas e problemas, que então discutiam, permanecem atuais, já que tratam de temas ainda polêmicos – alfabetização e letramento – e de problemas ainda não resolvidos – o reiterado fracasso em alfabetizar e letrar as crianças brasileiras.

Desses mesmos temas e problemas tratam os artigos selecionados para integrar esta nova edição, publicados posteriormente, na primeira década do século atual, período em que os temas continuavam polêmicos, os problemas ainda buscavam soluções – e talvez aqui se devesse acrescentar o advérbio *lamentavelmente*, porque, se são artigos que atualizam esta coletânea, por outro lado sua inclusão denuncia – e o verbo é esse mesmo – que alfabetização e letramento continuaram temas polêmicos, e alfabetizar e letrar com sucesso as crianças brasileiras ainda constituíam problemas não resolvidos. E mais: considerando que se julga pertinente reunir nesta nova edição, publicada quando já nos aproximamos do final dos anos 2010, artigos de um período de três décadas sobre esses mesmos temas e problemas, conclui-se quão perigosamente longa e difícil tem sido a busca por algum consenso nas concepções de alfabetização e letramento e por respostas adequadas ao desafio de possibilitar às crianças brasileiras sucesso na aprendizagem da língua escrita.

No entanto, embora permaneçam atuais os temas e problemas dos artigos reunidos neste livro, eles foram produzidos e publicados em diferentes contextos e diversos momentos, e por isso mantêm-se, nesta nova edição, os mesmos protocolos de leitura que, na edição anterior, buscaram esclarecer e orientar o leitor.

Em primeiro lugar, como as condições de produção dos artigos foram diferentes – publicados em periódicos orientados por objetivos específicos e direcionados a diferentes leitores, ou produzidos para situações de interação oral (palestras, seminários, conferências) –, cada um deles é situado e contextualizado em uma nota que o precede e introduz.

Em segundo lugar, apesar da diversidade de suas condições de produção, os artigos se unificam por tema – alfabetização e letramento – e problemas – ensino e aprendizagem da língua escrita –, tornando-se inevitável que algumas ideias apareçam e reapareçam, muitas vezes completem-se por meio de sua convergência em diferentes artigos, razão pela qual procura-se explicitar essas relações, remetendo um artigo a outro, na nota introdutória de que se falou anteriormente.

Em terceiro lugar, tendo os artigos sido publicados em diferentes datas, portanto em diferentes contextos históricos, pequenos textos, à maneira de *elos* ou *janelas* de um hipertexto, são introduzidos em quadros à margem, esclarecendo menções a fatos, conceitos ou pessoas, ou indicando referências bibliográficas posteriores à produção do texto: uma releitura que faço dos artigos e que proponho ao leitor que agora os lê ou relê.

Um quarto e último protocolo de leitura: embora se mantenha a distribuição dos artigos em três partes, como na edição anterior, a busca de maior refinamento em sua nucleação em torno de subtemas levou a uma reestruturação de cada parte e à ampliação do tema da terceira parte. Assim, a primeira parte apresenta e discute *concepções* de alfabetização e letramento; a segunda reúne artigos que se voltam para *práticas* escolares de alfabetização e letramento; a terceira parte se compõe de textos que buscam situar os capítulos anteriores em uma compreensão mais ampla de alfabetização e letramento: *concepções e práticas* em uma *perspectiva político-social.*

Para terminar, devo repetir, por um dever de justiça, palavras que registrei na edição anterior e que reafirmo aqui, registrando-as novamente:

Se o trabalho de escritura é feito no isolamento e no silêncio, e recebe a marca da autoria, o processo de gestação das ideias, de sua progressiva configuração e refinamento se faz na coletividade e no soar das vozes: é uma construção conjunta pela vivência na atividade docente, nos grupos de pesquisa, nos auditórios e nos corredores de congressos e seminários, construção em que se deveria reconhecer uma coautoria que, no entanto, se perde, porque é realizada na interação oral, na qual as autorias se apagam – o conceito de autoria é inerente à escrita. Mas pelo menos isso se pode e se deve fazer: reconhecer que muitas vozes estão presentes na voz que fala nos artigos que compõem esta coletânea, e agradecer a parceria, enriquecedoramente feita de concordâncias e discordâncias, de aprovações e de censuras.

PARTE I
CONCEPÇÕES

As muitas facetas da alfabetização

Este texto foi publicado em *Cadernos de Pesquisa*, revista da Fundação Carlos Chagas (São Paulo), em número especial sobre alfabetização: n. 52, de fevereiro de 1985. Algumas razões parecem justificar uma releitura deste texto, escrito há mais de trinta anos. Sete anos após sua publicação, quando *Cadernos de Pesquisa* comemorou seus vinte anos de existência com um número especial (n. 80, de fevereiro de 1992), no qual fez um balanço da produção publicada pela revista em suas duas décadas de existência, Yara Lúcia Espósito, no artigo sobre a presença do tema alfabetização na revista, teve a generosidade de qualificar como "clássico" este texto, afirmando ser ele "uma das referências mais citadas nos estudos que vêm sendo realizados sobre o tema" – à luz dessa avaliação, parece pertinente uma releitura, hoje, deste texto, que talvez mantenha o interesse que despertou à época por anunciar, sem ainda nomeá-lo, o conceito de alfabetismo ou letramento que se firmaria posteriormente. Uma outra e talvez principal razão que pode justificar uma releitura deste texto é que, passados mais de trinta anos, as questões nele propostas à reflexão parecem continuar atuais, e grande parte dos problemas nele apontados parece ainda não resolvida. A este respeito, ver o texto que se segue a este – "Letramento e alfabetização: as muitas facetas".

Há cerca de quarenta anos que não mais de 50% (frequentemente, *menos* que 50%) das crianças brasileiras conseguem romper a barreira da 1ª série, ou seja, conseguem aprender a ler e a escrever. Segundo dados divulgados pelo Ministério da Educação, de cada mil crianças que, no Brasil, ingressaram na 1ª série em 1963, apenas 449 passaram à 2ª série, em 1964; em 1974 – portanto, dez anos depois – de cada mil crianças que ingressaram na 1ª série, apenas 438 chegaram à 2ª série, em 1975. Quando dispusermos de dados semelhantes para a década de 1980, a situação não será diferente, segundo indicam estatísticas que as Secretarias Estaduais de Educação vêm apresentando anualmente. Nenhum progresso, nas últimas décadas. Somos um país que vem reincidindo no fracasso em alfabetização.

Quais são as causas desse fracasso?

Muito se tem escrito e pesquisado a respeito do problema. Entretanto, uma análise desses estudos e pesquisas revelará uma já vasta, mas incoerente, massa de

> Considerada a data de sua elaboração, o texto refere-se à década de 40 do século xx, época em que, intensificando-se a democratização da educação, a escola passou a receber um número de alunos muito mais numeroso e heterogêneo.

> À época, e até os anos 1980, quando a organização por ciclos começou a ser introduzida no Brasil, a 1ª série correspondia à série de alfabetização – só o aluno considerado "alfabetizado" era promovido à 2ª série.

> Pode-se dizer que, neste início do século xxi, o problema permanece; a diferença é apenas que, hoje, os alunos não rompem a barreira do 1º ciclo, que substituiu a 1ª série como etapa de alfabetização, ou, no caso de sistemas que optaram pela progressão continuada, passam ao ciclo seguinte ainda não alfabetizados.

dados não integrados e não conclusivos. Em primeiro lugar, são dados que resultam de diferentes perspectivas do processo de alfabetização, a partir de diferentes áreas de conhecimento (Psicologia, Linguística, Pedagogia), cada uma tratando a questão independentemente, e ignorando as demais; em segundo lugar, são dados que, excludentemente, buscam a explicação do problema ora no *aluno* (questões de saúde, ou psicológicas, ou de linguagem), ora no *contexto cultural* do aluno (ambiente familiar e vivências socioculturais), ora no *professor* (formação inadequada, incompetência profissional), ora no *método* (eficiência/ineficiência deste ou daquele método), ora no *material didático* (inadequação às experiências e interesses das crianças, sobretudo das crianças das camadas populares), ora, finalmente, no próprio meio, o *código escrito* (a questão das relações entre o sistema fonológico e o sistema ortográfico da língua portuguesa).

Sem dúvida não há como fugir, em se tratando de um processo complexo como a alfabetização, de uma multiplicidade de perspectivas, resultante da colaboração de diferentes áreas de conhecimento, e de uma pluralidade de enfoques, exigida pela natureza do fenômeno, que envolve atores (professores e alunos) e seus contextos culturais, métodos, material e meios.

Entretanto, essa multiplicidade de perspectivas e essa pluralidade de enfoques não trarão colaboração realmente efetiva enquanto não se articularem em uma teoria coerente da alfabetização que concilie resultados apenas aparentemente incompatíveis, que articule análises provenientes de diferentes áreas de conhecimento, que integre estruturadamente estudos sobre cada um dos componentes do processo.

> Essa articulação e conciliação de resultados vêm acontecendo a partir da última década do século passado, com o surgimento do conceito de *letramento* e os estudos e pesquisas que vêm sendo desenvolvidos orientados por esse novo conceito.

Um primeiro passo nesse sentido seria uma revisão dessas perspectivas, análises e estudos, de modo que se pudesse ter uma visão do "estado da arte" na área da alfabetização. Naturalmente, este texto não pretende apresentar essa revisão, mas apenas apontar algumas das principais facetas do processo de alfabetização que vêm sendo estudadas e pesquisadas. Embora correndo o risco de uma excessiva simplificação, essas facetas são aqui apresentadas sob três categorias: *o conceito de alfabetização, a natureza do processo de alfabetização e os condicionantes do processo de alfabetização*. Na última parte, procura-se apontar as implicações educacionais das diferentes perspectivas, análises e estudos sobre a alfabetização: implicações para a seleção e o desenvolvimento de métodos de alfabetização, para a elaboração de material didático, para a definição de pré-requisitos da alfabetização, para a formação do alfabetizador.

O CONCEITO DE ALFABETIZAÇÃO

Tem-se tentado, ultimamente, atribuir um significado demasiado abrangente à alfabetização, considerando-a um processo permanente, que se estenderia por toda a vida, que não se esgotaria na aprendizagem da leitura e da escrita.

É verdade que, de certa forma, a aprendizagem da língua materna, quer escrita, quer oral, é um processo permanente, nunca interrompido. Entretanto, é preciso diferenciar um processo de *aquisição* da língua (oral e escrita) de um processo de *desenvolvimento* da língua (oral e escrita); este último é que, sem dúvida, nunca é interrompido. Não parece apropriado, nem etimológica nem pedagogicamente, que o termo alfabetização designe tanto o processo de *aquisição* da língua escrita quanto o de seu *desenvolvimento*: etimologicamente, o termo *alfabetização* não ultrapassa o significado de "levar à aquisição do alfabeto", ou seja, ensinar o código da língua escrita, ensinar as habilidades de ler e escrever; pedagogicamente, atribuir um significado muito amplo ao processo de alfabetização seria negar-lhe a especificidade, com reflexos indesejáveis na caracterização de sua natureza, na configuração das habilidades básicas de leitura e escrita, na definição da competência em alfabetizar.

> Nos anos seguintes àquele em que este texto foi produzido (1985), essa diferenciação entre *aquisição* e *desenvolvimento* da língua oral e escrita foi-se tornando cada vez mais clara, concretizando-se, hoje, na distinção entre *alfabetização* e *letramento*. Sobre essa distinção, ver Soares, Magda. *Letramento:* um tema em três gêneros. Belo Horizonte: Autêntica, 1998.

Toma-se, por isso, aqui, *alfabetização* em seu sentido próprio, específico: processo de aquisição do código escrito, das habilidades de leitura e escrita.

Em relação ao conceito de alfabetização assim entendido, o debate básico desenvolve-se em torno de dois pontos de vista que, de certa forma, estão presentes no duplo significado que os verbos *ler* e *escrever* possuem em nossa língua:

1. Pedro já sabe *ler*. Pedro já sabe *escrever*.
2. Pedro já *leu* Monteiro Lobato. Pedro *escreveu* uma redação sobre Monteiro Lobato.

No exemplo 1, *ler* e *escrever* significam o domínio da "mecânica" da língua escrita; nessa perspectiva, alfabetizar significa adquirir a habilidade de codificar a língua oral em língua escrita (escrever) e de decodificar a língua escrita em língua oral (ler). A alfabetização seria um processo de representação de fonemas em grafemas (escrever) e de grafemas em fonemas (ler); "o que o alfabetizando deve construir para si é uma teoria adequada sobre a relação entre sons e letras na língua portuguesa" (Lemle, 1984: 41).

> Poucos anos depois, em 1987, a autora publicou um livro no qual apresenta a teoria aqui mencionada: LEMLE, Miriam. *Guia teórico do alfabetizador*. São Paulo: Ática, 1987.

No exemplo 2, *ler* e *escrever* significam apreensão e compreensão de significados expressos em língua escrita (ler) ou expressão de significados por meio da língua escrita (escrever); nessa perspectiva, a alfabetização seria um processo de compreensão/expressão de significados, "um processo de representação que envolve substituições gradativas ("ler" um objeto, um gesto, uma figura ou desenho, uma palavra) em que o objetivo primordial é a apreensão e a compreensão do mundo, desde o que está mais próximo à criança ao que lhe está mais distante, visando à comunicação, à aquisição de conhecimento [...] à troca" (Kramer, 1982: 62).

Métodos de alfabetização podem ser classificados, segundo a ênfase, em um ou em outro desses dois pontos de vista; por exemplo: ao método fônico está subjacente, fundamentalmente, o primeiro ponto de vista; o método global tem como pressuposto básico o segundo ponto de vista.

> À época da publicação deste texto, a alfabetização se fazia por meio dos métodos hoje considerados "tradicionais"; foi a partir da segunda metade dos anos 1980 que se passou a questionar seus fundamentos e sua eficiência. A esse respeito, ver o terceiro texto da segunda parte: "Alfabetização: em busca de um método?"

Entretanto, tal como o duplo significado dos verbos *ler* e *escrever* não implica veracidade ou falsidade de um ou outro significado, assim também os dois pontos de vista sobre o conceito de alfabetização não implicam veracidade ou falsidade de um ou outro conceito. Sem dúvida, a alfabetização é um processo de representação de fonemas em grafemas, e vice-versa, mas é *também* um processo de compreensão/expressão de significados por meio do código escrito. Não se consideraria "alfabetizada" uma pessoa que fosse apenas capaz de decodificar símbolos visuais em símbolos sonoros, "lendo", por exemplo, sílabas ou palavras isoladas, como também não se consideraria "alfabetizada" uma pessoa incapaz de, por exemplo, usar adequadamente o sistema ortográfico de sua língua, ao expressar-se por escrito.

Mesmo, porém, que se combinem os dois conceitos – alfabetização como processo de representação de fonemas em grafemas e de grafemas em fonemas, e alfabetização como processo de expressão/compreensão de significados – é preciso, ainda, lembrar que ambos os conceitos são apenas parcialmente verdadeiros.

Em primeiro lugar, a língua escrita *não* é uma mera representação da língua oral, como faz supor o primeiro conceito. Além de apenas em poucos casos haver total correspondência entre fonemas e grafemas, de modo que a língua escrita não é, de forma alguma, um registro fiel dos fonemas da língua oral, há também uma especificidade morfológica, sintática e semântica da língua escrita: não se escreve como se fala, mesmo quando se fala em situações formais; não se fala como se escreve, mesmo quando se escreve em contextos informais.

Em segundo lugar, e em relação ao segundo conceito, os problemas de compreensão/expressão da língua escrita são diferentes dos problemas de compreensão/expressão da língua oral: o discurso oral e o discurso escrito são organizados de forma diferente. Por exemplo: na língua escrita, é preciso explicitar muitos significados que, na língua oral, são expressos por meios não verbais (aspectos prosódicos, gestos etc.); por outro lado, na língua oral, a compreensão é contemporânea da expressão, e não é possível voltar atrás, refazer o caminho, em busca de melhor compreensão, ou de mais adequada expressão (daí, entre outros, os recursos de redundância e de topicalização na língua oral).

Em seu sentido pleno, o processo de alfabetização deve levar à aprendizagem não de uma mera tradução do oral para o escrito, e deste para aquele, mas à aprendizagem de uma peculiar e muitas vezes idiossincrática relação fonemas-grafemas, de um *outro* código, que tem, em relação ao código oral, especificidade morfológica e sintática, autonomia de recursos de articulação do texto e estratégias próprias de expressão/compreensão.

Convém, finalmente, lembrar que, embora o debate em relação ao conceito de alfabetização se desenvolva predominantemente em torno dos dois pontos de vista apontados ("mecânica" da língua escrita *versus* compreensão/expressão de significados), há um terceiro ponto de vista cuja importância equipara-se aos dois primeiros.

Esse terceiro ponto de vista, ao contrário dos dois primeiros, que consideram a alfabetização como um processo *individual*, volta-se para o seu aspecto *social:* a conceituação de alfabetização não é a mesma, em todas as sociedades. Em que idade deve a criança ser alfabetizada? Para que deve a criança ser alfabetizada? Que tipo de alfabetização é necessária em determinado grupo social? As respostas a essas perguntas variam de sociedade para sociedade e dependem das funções atribuídas por cada uma delas à língua escrita. Dizer que uma criança de 7 anos "*ainda* é analfabeta" tem sentido em certas sociedades que alfabetizam aos 4 ou aos 5 anos; a frase não tem sentido em uma sociedade como a nossa, na qual não se espera que uma criança de 7 anos já esteja alfabetizada. Para um lavrador, a alfabetização é um processo com funções e fins bem diferentes das funções e fins que esse mesmo processo terá para um operário de região urbana.

O conceito de alfabetização depende, assim, de características culturais, econômicas e tecnológicas; a expressão *alfabetização funcional,* usada pela Unesco nos programas de alfabetização organizados em países subdesenvolvidos, pretende alertar para esse conceito *social* da alfabetização.

> Em livro publicado contemporaneamente à elaboração deste texto, Brian Street (*Literacy in Theory and Practice.* Cambridge: Cambridge University Press, 1984) introduziu os conceitos, hoje largamente difundidos, de *letramento autônomo* e *letramento ideológico* – a esse segundo corresponde, aproximadamente, o conceito que aqui se propôs, desenvolvido nos textos da terceira parte deste livro.

Em síntese: uma teoria coerente da alfabetização deverá basear-se em um conceito desse processo suficientemente abrangente para incluir a abordagem "mecânica" do ler/escrever, o enfoque da língua escrita como um meio de expressão/compreensão, com especificidade e autonomia em relação à língua oral, e, ainda, os determinantes sociais das funções e fins da aprendizagem da língua escrita.

A NATUREZA DO PROCESSO DE ALFABETIZAÇÃO

Pode-se concluir da discussão a respeito do conceito de alfabetização, que essa não é *uma* habilidade, é um *conjunto de habilidades*, o que a caracteriza como um fenômeno de natureza complexa, multifacetado. Essa complexidade e multiplicidade de facetas explicam por que o processo de alfabetização tem sido estudado por diferentes profissionais, que privilegiam ora estas ora aquelas habilidades, segundo a área de conhecimento a que pertencem. Resulta daí uma visão fragmentária do processo e, muitas vezes, uma aparente incoerência entre as análises e interpretações propostas. Uma teoria coerente da alfabetização exigiria uma articulação e integração dos estudos e pesquisas a respeito de suas diferentes facetas.

Essas facetas referem-se, fundamentalmente, às perspectivas *psicológica, psicolinguística, sociolinguística* e propriamente *linguística* do processo.

A *perspectiva psicológica* é a que tem predominado nos estudos e pesquisas sobre a alfabetização. Sob essa perspectiva, estudam-se os processos psicológicos considerados necessários como pré-requisitos para a alfabetização, e os processos psicológicos por meio dos quais o indivíduo aprende a ler e a escrever.

Tradicionalmente, a perspectiva psicológica foi dominada pela ênfase nas relações entre inteligência (QI) e alfabetização, e nas relações entre os aspectos fisiológicos e neurológicos e os aspectos psicológicos da alfabetização (percepção do esquema corporal, estruturação espacial e temporal, discriminação visual e auditiva, psicomotricidade etc.). Essa visão da alfabetização, que dominou, durante muito tempo, os estudos e as pesquisas na área, explica o papel desempenhado pela "ideologia do dom" na justificativa do fracasso em alfabetização (sucesso/fracasso na aprendizagem da leitura e da escrita dependentes de QI e de aptidões específicas), a atribuição da responsabilidade por esse fracasso às chamadas "disfunções psiconeurológicas" da aprendizagem da leitura e da escrita (afasia, dislexia, disgrafia, disortografia, disfunção cerebral mínima etc.), e a consequente utilização de testes psicológicos e testes "de prontidão" como medidas das condições intelectuais, fisiológicas e neurológicas da criança para a alfabetização.

Mais recentemente, o foco da análise psicológica da alfabetização voltou-se para abordagens cognitivas, sobretudo no quadro da Psicologia Genética de Piaget. Embora Piaget não tenha, ele mesmo, realizado pesquisas ou reflexões sobre a aprendizagem da leitura e da escrita, vários pesquisadores têm estudado a alfabetização à luz de sua teoria dos processos de aquisição de conhecimento. Destaca-se, entre eles, Emília Ferreiro, que vem realizando investigações sobre os estágios de conceitualização da escrita e o desenvolvimento da "lecto-escrita" na criança. Nessa perspectiva, o sucesso ou fracasso da alfabetização relaciona-se com o estágio de compreensão da natureza simbólica da escrita em que se encontra a criança. No Brasil, nos últimos anos, têm sido desenvolvidos vários estudos e pesquisas nessa linha de interpretação (apenas como exemplos: Carraher e Rego, 1981; Rego, 1983; Góes, 1984).

Essa perspectiva cognitiva da alfabetização aproxima-se muito dos *estudos psicolinguísticos* a respeito da leitura e da escrita; às vezes, confunde-se com eles. Esses estudos psicolinguísticos voltam-se para a análise de problemas, tais como a caracterização da maturidade linguística da criança para a aprendizagem da leitura e da escrita, as relações entre linguagem e memória, a interação entre a informação visual e não visual no processo da leitura, a determinação da quantidade de informação que é aprendida pelo

---

Lembre-se de que este texto foi publicado em fevereiro de 1985; a expressão "mais recentemente" refere-se, pois, aos anos iniciais da década de 1980.

Para que se contextualize a referência a Emilia Ferreiro e a introdução de suas propostas no Brasil, convém lembrar que os primeiros livros dessa autora em tradução para o português foram publicados no mesmo ano em que foi publicado este texto – 1985: *Reflexões sobre alfabetização* (São Paulo: Cortez) e *Psicogênese da língua escrita*, este em coautoria com Ana Teberosky (Porto Alegre: Artes Médicas); cabe lembrar ainda que talvez o primeiro texto de Emilia Ferreiro divulgado no Brasil – o artigo "A representação da linguagem e o processo de alfabetização" – foi publicado no mesmo número do periódico *Cadernos de Pesquisa* em que também foi publicado este texto (n. 52, especial sobre alfabetização).

A expressão "nos últimos anos" refere-se à primeira metade dos anos 80 do século xx; os trabalhos aqui citados estão entre os poucos que, à época, fundamentavam-se na teoria piagetiana e entre os primeiros que incluem Emilia Ferreiro nas referências bibliográficas.

sistema visual, quando a criança lê etc. São, porém, ainda pouco numerosos, no Brasil, os estudos e as pesquisas sobre a alfabetização em um enfoque psicolinguístico (veja-se, por exemplo, Kato, 1982).

Também é ainda pouco desenvolvida, no Brasil, a *perspectiva sociolinguística* da alfabetização. Sob essa perspectiva, a alfabetização é vista como um processo estreitamente relacionado com os usos sociais da língua.

Uma questão fundamental que se coloca, nessa perspectiva, é o problema das diferenças dialetais. Quando chega à escola para ser alfabetizada, a criança já domina um determinado dialeto da língua oral; esse dialeto pode estar mais próximo ou mais distante da língua escrita convencional, que se baseia numa norma padrão que, na verdade, não é usada, na língua oral, por falante nenhum, mesmo em situações mais formais. Há, entre os dialetos orais e a língua escrita, diferenças relativas à correspondência entre o sistema fonológico e o sistema ortográfico, e também diferenças de léxico, morfologia e sintaxe. Essas diferenças são maiores ou menores, segundo a maior ou menor proximidade entre o dialeto particular falado pela criança e a língua escrita.

Evidentemente, as repercussões dessas diferenças sobre o processo de alfabetização são grandes. Um exemplo: o processo de alfabetização não ocorre da mesma maneira em diferentes regiões do país, porque a distância entre cada dialeto geográfico e a língua escrita não é a mesma (sobretudo no que se refere à correspondência entre o sistema fonológico e o sistema ortográfico) – esta seria uma das (poucas) razões para a existência de cartilhas regionais. Outro exemplo, sem dúvida mais grave para a realidade brasileira do que o exemplo anterior: a natureza do processo de alfabetização de crianças das classes favorecidas, que convivem com falantes de um dialeto oral mais próximo da língua escrita (a chamada "norma padrão culta") e que têm oportunidade de contato com material escrito (por intermédio, por exemplo, de leituras que lhes são feitas por adultos), é muito diferente da natureza do processo de alfabetização de crianças das classes populares, que dominam um dialeto em geral distante da língua escrita e têm pouco ou nenhum acesso a material escrito.

Além do problema das diferenças dialetais, um outro problema de natureza sociolinguística aparece: como já se disse anteriormente, língua oral e língua escrita servem a diferentes funções de comunicação, são usadas em diferentes situações sociais e com diferentes objetivos; além disso, essas funções, situações e objetivos variam de comunidade (geográfica ou social) para comunidade.

Por exemplo: as funções e os objetivos atribuídos à leitura e à escrita pelas classes populares, e a utilização dessas habilidades por essas classes são, inegavelmente, diferentes das funções e objetivos a elas atribuídos pelas classes favorecidas, e da utilização que delas fazem essas classes. Essas diferenças alteram, fundamentalmente, o processo de alfabetização, que não pode considerar a língua escrita meramente como um meio de comunicação "neutro" e não contextualizado; na verdade, qualquer sistema de comunicação escrita é profundamente marcado por atitudes e valores culturais, pelo contexto social e econômico em que é usado. Portanto, a alfabetização é um processo de natureza não só psicológica e psicolinguística, como também de natureza sociolinguística.

Finalmente, o processo de alfabetização é, também, e essencialmente, um processo de *natureza linguística*.

Do ponto de vista propriamente linguístico, o processo de alfabetização é, fundamentalmente, um processo de transferência da sequência temporal da fala para a sequência espaço-direcional da escrita, e de transferência da forma sonora da fala para a forma gráfica da escrita (cf. Silva, 1981). É, sobretudo, essa segunda transferência que constitui, em essência, a aprendizagem da leitura e da escrita: um processo de estabelecimento de relações entre sons e símbolos gráficos, ou entre fonemas e grafemas. Ora, como não há correspondência unívoca entre o sistema fonológico e o sistema ortográfico na escrita portuguesa (um mesmo fonema pode ser representado por mais de um grafema, e um mesmo grafema pode representar mais de um fonema), o processo de alfabetização significa, do ponto de vista linguístico, um progressivo domínio de regularidades e irregularidades. Esse "progressivo domínio" não pode ser executado, de maneira adequada, por intermédio de uma seleção aleatória de fonemas-grafemas, como geralmente ocorre no processo de alfabetização; essa seleção deveria obedecer a "etapas" (cf. Lemle, 1984), que se definissem, por um lado, a partir de uma descrição das relações entre os sistemas fonológico e ortográfico da língua portuguesa, e, por outro, a partir dos processos cognitivos que a criança utiliza para superar as barreiras da transferência, para o sistema ortográfico, do sistema fonológico do dialeto oral que domina. Estudos e pesquisas nessa direção começam a ser desenvolvidos no Brasil.

Do que foi sucinta e superficialmente exposto, pode-se concluir que a alfabetização é, como se disse inicialmente, um processo de natureza complexa. Trata-se de fenômeno de múltiplas facetas que fazem dele objeto de estudo de várias ciências. Entretanto, só a articulação e integração dos estudos desenvolvidos no âmbito de cada uma dessas ciências pode conduzir a uma teoria coerente da alfabetização.

No entanto, o problema da alfabetização não está, apenas, nessa sua característica interdisciplinar. Além desta, é preciso considerar, ainda, os aspectos sociais e políticos que condicionam a aprendizagem, na escola, da leitura e da escrita.

CONDICIONANTES DO PROCESSO DE ALFABETIZAÇÃO

O fracasso escolar em alfabetização não se explica, apenas, pela complexidade da natureza do processo; caso contrário, não se justificaria a predominante incidência desse fracasso nas crianças das classes populares.

Não é necessário retomar, aqui, os já muito conhecidos e discutidos conceitos de escola como "aparelho ideológico do Estado" (cf. Althusser), como mecanismo de reprodução social (cf. Bourdieu; Passeron) ou como instituição dualista e divisora (cf. Baudelot; Establet).

Basta afirmar que o processo de alfabetização, na escola, sofre, talvez mais que qualquer outra aprendizagem escolar, a marca da discriminação em favor das classes socioeconomicamente privilegiadas. A escola valoriza a língua escrita e censura a língua oral espontânea que se afaste muito dela; ora, como foi dito anteriormente, a criança das classes privilegiadas, por suas condições de existência, adapta-se mais facilmente às expectativas da escola, tanto com relação às funções e usos da língua escrita, quanto em relação ao padrão culto de língua oral.

> O parágrafo faz referência a conceitos e teorias da análise ideológica e sociológica da educação em sociedades capitalistas que dominou a área da educação durante a década que antecedeu a publicação deste texto – os anos 70 do século XX –, revelando as relações entre desigualdades de sucesso escolar e origem social; os autores citados dominavam então a bibliografia da área: *Ideologia e aparelhos ideológicos do Estado*, de Louis Althusser, *A reprodução*, de Pierre Bourdieu e Jean-Claude Passeron, *A escola capitalista*, de Christian Baudelot e Roger Establet.

Por outro lado, essa língua oral culta, que a escola valoriza, e a língua escrita constituem dialetos muito diferentes das práticas linguísticas das crianças das classes populares; por isso, essas práticas são rejeitadas pela escola e, mais que isso, atribuídas a um "déficit linguístico", que seria acrescentado a um "déficit cultural", conceitos insustentáveis, quer do ponto de vista científico (segundo as ciências linguísticas e as ciências antropológicas, línguas e culturas são *diferentes* umas das outras, não melhores ou piores), quer do ponto de vista ideológico.

> Em livro editado no ano seguinte ao em que este texto foi publicado, é desenvolvida e aprofundada a discussão sobre os conceitos de deficiência e de diferença cultural e linguística, sua presença na escola e o papel que esta desempenha e o que deveria desempenhar em relação a essa questão. SOARES, Magda. *Linguagem e escola:* uma perspectiva social. São Paulo: Ática, 1986.

É evidente que esse contexto escolar, com seus preconceitos linguísticos e culturais, afeta o processo de alfabetização das crianças, levando ao fracasso as crianças das classes populares. Soluções para esse fracasso têm sido geralmente buscadas em programas de "educação compensatória" que, partindo de pressupostos falsos ("carência cultural", "deficiência linguística") não só não têm levado a resultados satisfatórios, mas ainda têm reforçado a discriminação das crianças das classes populares: "[...] se os programas fracassam, as próprias crianças e suas famílias serão responsabilizadas, na medida em que se considera que lhes foram dadas as oportunidades educacionais e, como não progrediram, são mesmo incapazes" (Kramer, 1982: 59).

Acrescente-se que, nesse contexto de falsos pressupostos sociais, culturais e linguísticos, a escola atua, na área da alfabetização, como se esta fosse uma aprendizagem "neutra", despida de qualquer caráter político. Aprender a ler e a escrever, para a escola, parece apenas significar a aquisição de um "instrumento" para a futura obtenção de conhecimentos; a escola desconhece a alfabetização como forma de pensamento, processo de construção do saber e meio de conquista de poder político.

Esse significado instrumental atribuído à alfabetização pela escola serve, naturalmente, apenas às classes privilegiadas, para as quais aprender a ler e a escrever é, realmente, não mais que adquirir um instrumento de obtenção de conhecimentos, já que, por suas condições de classe, já dominam a forma de pensamento subjacente à língua escrita, já têm o monopólio da construção do saber considerado legítimo e já detêm o poder político. Para as classes dominadas, o significado meramente instrumental atribuído à alfabetização, esvaziando-a de seu sentido político, reforça a cultura dominante e as relações de poder existentes, e afasta essas classes da participação na construção e na partilha do saber.

A questão da postura política em relação ao significado da alfabetização afeta, evidentemente, o processo de aprender a ler e a escrever. A diferença entre uma postura pretensamente "neutra" e uma explícita postura política fica clara quando se compara o trabalho em alfabetização desenvolvido, geralmente, nas escolas, com um trabalho na linha de Paulo Freire, para quem a alfabetização é um processo de conscientização e uma forma de ação política.

> Para uma mais ampla reflexão sobre a natureza política e ideológica do processo de alfabetização proposto por Paulo Freire, ver o texto "Paulo Freire e a alfabetização", na terceira parte deste livro.

Conclui-se que, à natureza complexa do processo de alfabetização, com suas facetas psicológica, psicolinguística, sociolinguística e linguística, é preciso acrescentar os fatores sociais, econômicos, culturais e políticos que o condicionam. Uma teoria coerente da alfabetização só será possível se a articulação e integração das várias facetas do processo forem contextualizadas social e culturalmente e iluminadas por uma postura política que resgate seu verdadeiro significado.

IMPLICAÇÕES EDUCACIONAIS

A natureza complexa e multifacetada do processo de alfabetização e seus condicionantes sociais, culturais e políticos têm importantes repercussões no problema dos métodos de alfabetização, do material didático para a alfabetização, particularmente a cartilha, da definição de pré-requisitos e da preparação para a alfabetização, da formação do alfabetizador.

> Na época em que este texto foi produzido, a cartilha ainda era, como vinha sendo desde o século XIX, o material didático fundamental para o desenvolvimento do processo de alfabetização; foi a partir da década seguinte à publicação deste texto (anos 90 do século XX) que as cartilhas, por ferirem os princípios da psicogênese da língua escrita, passaram a sofrer severas críticas e a ser substituídas por novos materiais didáticos, denominados *livros de alfabetização*.

Uma análise psicológica, psicolinguística, sociolinguística e linguística do processo de alfabetização torna claro que a diferença entre métodos de alfabetização é explicada pela consideração prioritária, em cada um deles, de um ou outro aspecto do processo, ignorando-se, geralmente, os demais aspectos.

> Sobre a questão do método de alfabetização, ver, na segunda parte deste livro, o texto "Alfabetização: em busca de um método?".

Portanto, a questão dos métodos, que tanto têm polarizado as reflexões sobre a alfabetização, será insolúvel enquanto não se aprofundar a caracterização das diversas facetas do processo e não se buscar uma articulação dessas diversas facetas nos métodos e procedimentos de ensinar a ler e a escrever.

Essa articulação deve estar presente também, é óbvio, no material didático para a alfabetização, como operacionalização do método que é. Há, porém, ainda outras implicações em relação ao material didático: a regionalização da cartilha, a que já se aludiu anteriormente, a conveniência ou não da elaboração de material didático e programas específicos para a região rural, ou a organização de programas de alfabetização para as classes populares, o problema de viés cultural de programas e materiais didáticos são questões que só podem ser discutidas à luz dos aspectos sociolinguísticos, culturais e políticos da alfabetização.

> Na época em que este texto foi elaborado, ocorria um intenso debate sobre os pressupostos e a conveniência de regionalização do processo de alfabetização, debate motivado por projeto, então criado e gerenciado pelo Ministério da Educação, visando ao desenvolvimento de cartilhas voltadas para as peculiaridades regionais em estados do Nordeste, para uso nas zonas rurais. Cerca de dez cartilhas regionais foram então produzidas. Posteriormente, com base nos precários resultados do projeto, a regionalização de cartilhas deixou de fazer parte das políticas do livro didático.

A natureza complexa do processo de alfabetização evidencia, ainda, como tem sido apenas parcialmente enfrentado o problema da identificação dos

> Na primeira metade dos anos 1980, sob a influência da crítica às relações entre educação e classe social que dominou a área da educação nos anos 1970, multiplicaram-se os estudos e as pesquisas que caracterizavam o livro didático como veículo de inculcação da ideologia das classes dominantes.

pré-requisitos e da preparação da criança para a alfabetização. Essa questão ainda está restrita a apenas uma das facetas do processo de alfabetização, à faceta psicofisiológica; é necessário ampliar a visão do processo e acrescentar, à análise dos pré-requisitos e à organização de programas de preparação para a alfabetização, o enfoque da Psicologia Cognitiva, da Psicolinguística, da Sociolinguística e da Linguística.

Finalmente, tudo o que foi dito nos permite concluir que a formação do alfabetizador – que ainda não se tem feito sistematicamente no Brasil – tem uma grande especificidade, e exige uma preparação do professor que o leve a compreender todas as facetas (psicológica, psicolinguística, sociolinguística e linguística) e todos os condicionantes (sociais, culturais, políticos) do processo de alfabetização, que o leve a saber operacionalizar essas diversas facetas (sem desprezar seus condicionantes) em métodos e procedimentos de preparação para a alfabetização e em métodos e procedimentos de alfabetização, em elaboração e uso adequados de materiais didáticos, e, sobretudo, que o leve a assumir uma postura política diante das implicações ideológicas do significado e do papel atribuído à alfabetização.

REFERÊNCIAS BIBLIOGRÁFICAS

CARRAHER, Terezinha Nunes; REGO, Lúcia Lins Browne. "O realismo nominal como obstáculo na aprendizagem da leitura". *Cadernos de Pesquisa*. São Paulo, n. 39, nov. 1981, pp. 3-10.

GÓES, Maria Cecília R. de. "Critérios para avaliação de noções sobre a linguagem escrita em crianças não alfabetizadas". *Cadernos de Pesquisa*. São Paulo, n. 49, maio 1984, pp. 3-14.

KATO, Mary A. "Alfabetização". In: *Anais do Seminário Aprendizagem da língua materna:* uma abordagem interdisciplinar. Brasília: Instituto Nacional de Estudos e Pesquisas Educacionais, 1983, pp. 59-61.

KRAMER, Sônia. "Privação cultural e educação compensatória: uma análise crítica". *Cadernos de Pesquisa*. São Paulo, n. 42, ago. 1982, pp. 54-62.

LEMLE, Miriam. "A tarefa da alfabetização: etapas e problemas do português". *Letras de Hoje*. Porto Alegre, v. 15, n. 4, 1984, pp. 41-60.

REGO, Lúcia Lins Browne. "Aprender a ler: uma conquista da criança ou o resultado de um treinamento?" In: *Anais do Seminário Aprendizagem da língua materna:* uma abordagem interdisciplinar. Brasília: Instituto Nacional de Estudos e Pesquisas Educacionais, 1983, pp. 63-70.

SILVA, Myrian Barbosa da. *Leitura, ortografia e fonologia*. São Paulo: Ática, 1981.

Letramento e alfabetização:
as muitas facetas

Este texto foi apresentado na XXVI Reunião Anual da Associação Nacional de Pesquisa e Pós-Graduação em Educação – ANPEd, em outubro de 2003; foi em seguida publicado na revista da Associação – *Revista Brasileira de Educação*, n. 25, jan./fev./mar./abr. 2004. Decorridos 15 anos da publicação do texto anterior – "As muitas facetas da alfabetização" –, o título deste texto indica não só uma ampliação daquele texto, acrescentando-lhe o conceito de letramento, mas, ainda que retomando as mesmas questões, discute-as em outra perspectiva, e também as aprofunda, como é dito neste parágrafo inicial. Em livro publicado em 2016 – *Alfabetização: a questão dos métodos* – de novo a reflexão desenvolvida neste e no texto anterior é retomada, em um movimento vivenciado ao longo dos anos, que se pode descrever como um movimento em espiral, em que a proposta inicial das muitas facetas da aprendizagem inicial da língua escrita foi-se tornando progressivamente mais completa, ao mesmo tempo que mais precisa.

O título e tema deste texto pretendem ser um contraponto ao título e tema de outro texto de minha autoria, publicado há já quase vinte anos: "As muitas facetas da alfabetização" (*Cadernos de Pesquisa*, n. 52, de fevereiro de 1985).

> Na data desta segunda edição, há já mais de trinta anos.

Uso a palavra contraponto para indicar que o que aqui intento fazer é um entrelaçamento dos dois textos, não uma reformulação, muito menos um confronto. É que, relendo, hoje, "As muitas facetas da alfabetização", encontro ali já anunciado, sem que ainda fosse nomeado, o conceito de letramento, que se firmaria posteriormente, e, de forma implícita, as relações entre esse conceito e o conceito de alfabetização; segundo porque, passados quase vinte anos, as questões ali propostas à reflexão parecem continuar atuais, e grande parte dos problemas ali apontados parece ainda não resolvida. O contraponto que pretendo desenvolver é a retomada de conceitos e problemas, buscando identificar sua evolução ao longo das duas últimas décadas, em um movimento que vou propor como sendo de progressiva invenção da palavra e do conceito de letramento, e concomitante desinvenção da alfabetização, resultando na polêmica conjuntura atual que me atrevo a denominar de reinvenção da alfabetização.

> O que era *conjuntura atual* no ano de publicação deste artigo – 2004 – continua atual nesta nova edição; da mesma forma, as referências ao longo deste parágrafo ao momento em que este texto foi publicado podem ser estendidas ao momento em que este livro é escrito, já que as questões apontadas continuam presentes.

Para prevenir sobressaltos, adianto, já neste momento inicial de minhas reflexões, que meu objetivo será defender, numa proposta apenas aparentemente contraditória, a especificidade e, ao mesmo tempo, a indissociabilidade desses dois processos – alfabetização e letramento –, tanto na perspectiva teórica quanto na perspectiva da prática pedagógica.

A INVENÇÃO DO LETRAMENTO

É curioso que tenha ocorrido em um mesmo momento histórico, em sociedades distanciadas tanto geograficamente quanto socioeconômica e culturalmente, a necessidade de reconhecer e nomear práticas sociais de leitura e de escrita mais avançadas e complexas que as práticas do ler e do escrever resultantes da aprendizagem do sistema de escrita. Assim, é em meados dos anos 1980 que se dá, simultaneamente, a invenção[1] do *letramento* no Brasil, do *illettrisme*, na França, da *literacia*, em Portugal, para nomear fenômenos distintos daquele denominado *alfabetização, alphabétisation*. Nos Estados Unidos e na Inglaterra, embora a palavra *literacy* já estivesse dicionarizada desde o final do século XIX, foi também nos anos 1980 que o fenômeno que ela nomeia, distinto daquele que em língua inglesa se conhece como *reading instruction, beginning literacy*, tornou-se foco de atenção e de discussão nas áreas da educação e da linguagem, o que se evidencia no grande número de artigos e livros voltados para o tema, publicados a partir desse momento nesses países, e se operacionalizou nos vários programas, neles desenvolvidos, de avaliação do nível de competências de leitura e de escrita da população. Segundo Barton (1994: 6, tradução nossa), foi nos anos 1980 que "surgiu o novo campo de estudos sobre o letramento". É ainda significativo que date aproximadamente da mesma época (final dos anos 1970) a proposta da Organização das Nações Unidas para a Educação, a Ciência e a Cultura (Unesco) de ampliação do conceito de *literate* para *functionally literate*, e, portanto, a sugestão de que as avaliações internacionais sobre domínio de competências de leitura e de escrita fossem além do medir apenas a capacidade de saber ler e escrever.

Entretanto, se há coincidência quanto ao momento histórico em que as práticas sociais de leitura e de escrita emergem como questão fundamental em sociedades distanciadas geográfica, socioeconômica e culturalmente, o contexto e as causas dessa emersão são essencialmente diferentes em países em desenvolvimento, como o Brasil, e em países desenvolvidos, como a França, os Estados Unidos, a Inglaterra. Sem pretender uma discussão mais extensa dessas diferenças, o que ultrapassaria os objetivos e as possibilidades deste texto, destaco a diferença fundamental, que está no grau de ênfase posta nas relações entre as práticas sociais de leitura e de escrita e a aprendizagem do sistema de escrita, ou seja, entre o conceito de letramento (*illettrisme, literacy*) e o conceito de alfabetização (*alphabétisation, reading instruction, beginning literacy*).

Nos países desenvolvidos, ou do Primeiro Mundo, as práticas sociais de leitura e de escrita assumem a natureza de problema relevante no contexto da constatação de que a população, embora alfabetizada, não dominava as habilidades de leitura e de escrita necessárias para uma participação efetiva e competente nas práticas sociais e profissionais que envolvem a língua escrita. Assim, na França e nos Estados Unidos, para limitar a análise a esses dois países, os problemas de *illettrisme*, de *literacy/illiteracy* surgem de forma independente da questão da aprendizagem básica da escrita.

Na França, como esclarece Lahire, em *L'Invention de l'"illettrisme"* (1999), e Chartier e Hébrard, em capítulo incluído na segunda edição de *Discours sur la lecture* (2000), o *illettrisme* – a palavra e o problema que ela nomeia – surge para caracterizar jovens e adultos do chamado Quarto Mundo[2] que revelam precário domínio das competências de leitura e de escrita, dificultando sua inserção no mundo social e no mundo do trabalho. Partindo do fato de que toda a população – independentemente de suas condições socioeconômicas – domina o sistema de escrita, porque passou pela escolarização básica, as discussões sobre o *illettrisme* se fazem sem relação com a questão do *apprendre à lire et à écrire*, expressão com que se denomina a alfabetização escolar, e com a questão da *alphabétisation*, este termo em geral reservado às ações desenvolvidas junto aos trabalhadores imigrantes, analfabetos na língua francesa (Lahire, 1999: 61).

O mesmo ocorre nos Estados Unidos, onde o foco em problemas de *literacy/illiteracy* emerge, no início dos anos 1980, como resultado da constatação, feita sobretudo em avaliações realizadas no final dos anos 1970 e início dos anos 1980 pela National Assessment of Educational Progress (Naep), de que jovens graduados na *high school* não dominavam as habilidades de leitura demandadas em

> A *high school* corresponde ao ensino médio brasileiro.

práticas sociais e profissionais que envolvem a escrita (Kirsch e Jungeblut, 1982: 2). Também neste caso, as discussões, os relatórios e as publicações não apontam relações entre as dificuldades no uso da língua escrita e a aprendizagem inicial do sistema de escrita – a *reading instruction*, ou a *emergent literacy*, a *beginning literacy*. Assim, Kirsch e Jungeblut, como conclusão da pesquisa sobre habilidades de leitura da população jovem norte-americana, afirmam que o problema não estava na *illiteracy* (em não saber ler e escrever), mas na *literacy* (no não domínio de competências de uso da leitura e da escrita).

Essa autonomização, tanto na França quanto nos Estados Unidos, das questões de letramento em relação às questões de alfabetização não significa que essas últimas não venham sendo, elas também, objeto de discussões, avaliações, críticas. Como se verá adiante, neste texto, tem sido também intensa, nos últimos anos, nesses países, a discussão sobre problemas da aprendizagem inicial da escrita; o que se quer aqui destacar é que os dois problemas – o domínio precário de competências de leitura e de escrita necessárias para a participação em práticas sociais letradas e as dificuldades no processo de aprendizagem do sistema de escrita, ou da tecnologia da escrita – são tratados de forma independente, o que revela o reconhecimento de suas especificidades e uma relação de não causalidade entre eles.

> A expressão "últimos anos" se refere aos anos anteriores ao em que este texto foi publicado, mas a discussão mencionada continua atual nos países citados, no momento em que se publica este livro.

No Brasil, porém, o movimento se deu, de certa forma, em direção contrária: o despertar para a importância e necessidade de habilidades para o uso competente da leitura e da escrita tem sua origem vinculada à aprendizagem inicial da escrita, desenvolvendo-se basicamente a partir de um questionamento do conceito de alfabetização. Assim, ao contrário do que ocorre em países do Primeiro Mundo, como exemplificado com França e Estados Unidos, em que a aprendizagem inicial da leitura e da escrita – a alfabetização, para usar a palavra brasileira – mantém sua especificidade no contexto das discussões sobre problemas de domínio de habilidades de uso da leitura e da escrita – problemas de *letramento* –, no Brasil os conceitos de alfabetização e letramento se mesclam, se superpõem, frequentemente se confundem. Esse enraizamento do conceito de letramento no conceito de alfabetização pode ser detectado tomando-se para análise fontes como os censos demográficos, a mídia, a produção acadêmica.

Assim, as alterações no conceito de alfabetização nos censos demográficos, ao longo das décadas, permitem identificar uma progressiva extensão desse conceito. A partir do conceito de *alfabetizado*, que vigorou até o Censo de 1940, como aquele que declarasse saber ler e escrever, o que era interpretado como capacidade de escrever o próprio nome; passando pelo conceito de *alfabetizado* como aquele capaz de ler e escrever um bilhete simples, ou seja, capaz de não só saber ler e escrever, mas de já exercer uma prática de leitura e escrita, ainda que bastante trivial, adotado a partir do Censo de 1950; até o momento atual, em que os resultados do Censo têm sido frequentemente apresentados, sobretudos nos casos das Pesquisas Nacionais por Amostragem de Domicílios (PNAD), pelo critério de anos de escolarização, em função dos quais se caracteriza o nível de *alfabetização funcional* da população, ficando implícito nesse critério que, após alguns anos de aprendizagem escolar, o indivíduo terá não só aprendido a ler e escrever, mas também a fazer uso da leitura e da escrita. Verifica-se uma progressiva, embora cautelosa, extensão do conceito de alfabetização em direção ao conceito de letramento: do saber ler e escrever em direção ao ser capaz de fazer uso da leitura e da escrita.

> Convém aqui acrescentar que, a partir de 2001, por meio de uma iniciativa do Instituto Paulo Montenegro – Ação Social, do Ibope, e da ONG Ação Educativa, vem sendo periodicamente pesquisado o Indicador Nacional de Alfabetismo Funcional (Inaf), com informações sobre habilidades e práticas relacionadas à leitura, escrita e matemática da população brasileira de 15 a 64 anos, evidenciando a importância que o letramento vem assumindo na política educacional brasileira. Sobre o Inaf e seus resultados pode-se consultar os livros organizados por Vera Masagão Ribeiro: *Letramento no Brasil*: reflexões a partir do Inaf 2001. São Paulo: Global, 2003. *Alfabetismo e letramento no Brasil*: 10 anos do Inaf. Belo Horizonte: Autêntica, 2015.

O mesmo se verifica quando se observa o tratamento que a mídia dá, particularmente ao longo da última década (anos 1990), às informações e notícias sobre alfabetização no Brasil.[3] Já em 1991, a *Folha de S.Paulo*, ao divulgar resultados do Censo então realizado, após declarar que, pelos dados, apenas 18% eram analfabetos, acrescenta: "mas o número de desqualificados é muito maior". "Desqualificados", segundo a matéria, eram aqueles que, embora declarando saber ler e escrever um bilhete simples, tinham menos de quatro anos de escolarização, sendo, assim, *analfabetos funcionais*. Durante toda a última década, e até hoje, a mídia vem

> Embora a expressão "até hoje" se refira a 2004, ano em que este texto foi publicado, pode-se afirmar que o *hoje* de então é ainda, passadas mais de dez anos, o *hoje* referente ao ano em que se escreve esta nova edição, 2016.

usando, em matérias sobre competências de leitura e escrita da população brasileira, termos como *semianalfabetos, iletrados, analfabetos funcionais*, ao mesmo tempo que vem sistematicamente criticando as informações sobre índices de alfabetização e analfabetismo que tomam como base apenas o critério censitário de saber ou não saber "ler e escrever um bilhete simples". A mídia vem, pois, assumindo e divulgando um conceito de alfabetização que o aproxima do conceito de letramento.

Interessante é observar que também na produção acadêmica brasileira alfabetização e letramento estão quase sempre associados. Uma das primeiras obras a registrar o termo "letramento", *Adultos não alfabetizados: o avesso do avesso*, de Leda Verdiani Tfouni (1988), aproxima alfabetização e letramento – é verdade que para diferenciar os dois processos, tema a que a autora retorna em livro posterior, em que a aproximação entre os dois conceitos aparece já desde o título: *Letramento e alfabetização* (1995). Essa mesma aproximação entre os dois conceitos aparece na coletânea organizada por Roxane Rojo, *Alfabetização e letramento* (1998), em que está também presente a proposta de uma diferenciação entre os dois fenômenos, embora não inteiramente coincidente com a proposta por Leda Verdiani Tfouni. Ângela Kleiman, na coletânea que organiza, *Os significados do letramento* (1995), também discute o conceito de letramento tomando como contraponto o conceito de alfabetização, e os dois conceitos se alternam ao longo dos textos da coletânea. No livro *Letramento: um tema em três gêneros* (1998), procuro conceituar, confrontando-os, os dois processos – alfabetização e letramento. São apenas exemplos, que privilegiam as obras mais conhecidas sobre o tema, da tendência predominante na literatura especializada tanto na área das ciências linguísticas quanto na área da educação: a aproximação, ainda que para propor diferenças entre letramento e alfabetização, tem levado à concepção equivocada de que os dois fenômenos se confundem, e até se fundem. Embora a relação entre alfabetização e letramento seja inegável, além de necessária e até mesmo imperiosa, ela, ainda que focalize diferenças, acaba por diluir a especificidade de cada um dos dois fenômenos, como será discutido posteriormente neste texto.

Em síntese, e para encerrar este tópico, conclui-se que a invenção do letramento, entre nós, se deu por caminhos diferentes daqueles que explicam a invenção do termo em outros países, como a França e os Estados Unidos. Enquanto nesses outros países a discussão do letramento – *illettrisme, literacy* e *illiteracy* – se fez e se faz de forma independente em relação à discussão da alfabetização – *apprendre à lire et à écrire, reading instruction, emergent literacy, beginning literacy* –, no Brasil a discussão do letramento surge sempre enraizada no conceito de alfabetização, o que tem levado, apesar da diferenciação sempre proposta na produção acadêmica, a uma inadequada e inconveniente fusão dos dois processos, com prevalência do conceito de letramento, por razões que tentarei identificar mais adiante, o que tem conduzido a um certo apagamento da alfabetização que, talvez com algum exagero, denomino *desinvenção da alfabetização*, de que trato em seguida.

A DESINVENÇÃO DA ALFABETIZAÇÃO

O neologismo *desinvenção* pretende nomear a progressiva perda de especificidade do processo de alfabetização que parece vir ocorrendo na escola brasileira ao longo das duas últimas décadas.[4] Certamente essa perda de especificidade da alfabetização é fator explicativo – evidentemente não o único, mas talvez um dos mais relevantes – do atual fracasso na aprendizagem e, portanto, também no ensino da língua escrita nas escolas brasileiras, fracasso hoje tão reiterado e amplamente denunciado. É verdade que

> As duas *últimas décadas* mencionadas aqui e no final deste parágrafo são, de acordo com a data em que este texto foi publicado, os anos 1980 e 1990, mas pode-se continuar afirmando o mesmo dos anos 2000 e dos seguintes, até 2016. Da mesma forma, o adjetivo *atual* e também o advérbio *hoje* mencionado várias neste parágrafo continuam caracterizando os ainda insatisfatórios resultados da alfabetização na data em que se redige esta nova edição.

não se denuncia um fato novo: fracasso em alfabetização nas escolas brasileiras ocorre insistentemente há muitas décadas; hoje, porém, esse fracasso configura-se de forma inusitada. Antes ele se revelava em avaliações internas à escola, sempre concentrado na etapa inicial do ensino fundamental, traduzindo-se em altos índices de reprovação, repetência, evasão; hoje, o fracasso revela-se em avaliações externas à escola – avaliações estaduais (como o Saresp, o Simave), nacionais (como o Saeb, o Enem) e até internacionais (como o Pisa)[5] – espraia-se ao longo de todo o ensino fundamental, chegando mesmo ao ensino médio, e se traduz em altos índices de precário ou nulo desempenho em provas de leitura, denunciando grandes contingentes de alunos não alfabetizados ou semialfabetizados depois de quatro, seis, oito anos de escolarização. A hipótese aqui levantada é que a perda de especificidade do processo de alfabetização, nas duas últimas décadas, é um fator, entre os muitos e variados fatores, que pode explicar esta atual "modalidade" de fracasso escolar em alfabetização.

Talvez se possa afirmar que na "modalidade" anterior de fracasso escolar – aquela que se manifestava em altos índices de reprovação e repetência na etapa inicial do ensino fundamental[6] – a alfabetização caracterizava-se, ao contrário, por sua excessiva especificidade, entendendo-se por "excessiva especificidade" a autonomização das relações entre o sistema fonológico e o sistema gráfico em relação às demais aprendizagens e comportamentos na área da leitura e da escrita, ou seja, a exclusividade atribuída a apenas uma das facetas da aprendizagem da língua escrita. O que parece ter acontecido, ao longo das duas últimas décadas, é que, em lugar de se fugir a essa "*excessiva* especificidade", apagou-se a *necessária* especificidade do processo de alfabetização.

Várias causas podem ser apontadas para essa perda de especificidade do processo de alfabetização; limitando-me às causas de natureza pedagógica, cito, entre outras, a reorganização do tempo escolar com a implantação do sistema de ciclos que, ao lado dos aspectos positivos que sem dúvida tem, pode trazer – e tem trazido – uma diluição ou uma preterição de metas e objetivos a serem atingidos gradativamente ao longo do processo de escolarização; o princípio da progressão continuada, que, mal concebido e mal aplicado, pode resultar em descompromisso com o desenvolvimento gradual e sistemático de habilidades, competências, conhecimentos. Não me detenho, porém, no aprofundamento das relações entre esses aspectos – sistema de ciclos, princípio da progressão continuada – e a perda de especificidade da alfabetização, porque me parece que a causa maior dessa perda de especificidade deve ser buscada em fenômeno mais complexo: a mudança conceitual a respeito da aprendizagem da língua escrita que se difundiu no Brasil a partir de meados dos anos 1980.

Segundo Gaffney e Anderson (2000: 57), as últimas três décadas assistiram a mudanças de paradigmas teóricos no campo da alfabetização que podem ser assim resumidas: um paradigma behaviorista, dominante nos anos 1960 e 1970, é substituído, nos anos 1980, por um paradigma cognitivista, que avança, nos anos 1990, para um paradigma sociocultural. Segundo os mesmos autores, se a transição da teoria behaviorista para a teoria cognitivista representou realmente uma radical mudança de paradigma, a transição da teoria cognitivista para a perspectiva sociocultural pode ser interpretada antes como um aprimoramento do paradigma cognitivista do que propriamente como uma mudança paradigmática.

Embora Gaffney e Anderson situem essas mudanças paradigmáticas no contexto norte-americano, podem-se reconhecer as mesmas mudanças no Brasil, aproximadamente no mesmo período.[7] Em relação ao período que aqui interessa, pode-se afirmar que, tal como ocorreu nos Estados Unidos, também no Brasil os anos 1980 e 1990 assistiram ao domínio hegemônico, na área da alfabetização, do paradigma cognitivista, que aqui se difundiu sob a discutível denominação de *construtivismo* (posteriormente, *socioconstrutivismo*). Ao contrário, porém, dos Estados Unidos, em que esse paradigma foi proposto para todo e qualquer conhecimento escolar, tomando como eixo uma nova concepção das relações entre aprendizagem e linguagem, traduzida no movimento que recebeu a denominação de *whole language*,[8] entre nós ele chegou pela via da alfabetização, através das pesquisas e estudos sobre a psicogênese da língua escrita, divulgada pela obra e pela atuação formativa de Emilia Ferreiro.[9]

> Com o distanciamento que permite o tempo decorrido entre a publicação deste texto (2004) e a elaboração desta nova edição (2016), pode-se acrescentar que o que vem ocorrendo a partir dos anos 2000 é a substituição da hegemonia do construtivismo por uma polêmica entre paradigmas e, em decorrência, entre concepções de alfabetização e de procedimentos para o ensino da língua escrita; é o que se discute no próximo tópico, em que se relacionam os paradigmas com as muitas facetas da alfabetização e se propõe a articulação entre elas.

Não é necessário retomar aqui a mudança que representou, para a área da alfabetização, a perspectiva psicogenética: alterou profundamente a concepção do processo de construção da representação da língua escrita pela criança, que deixa de ser considerada como dependente de estímulos externos para aprender o sistema de escrita – concepção presente nos métodos de alfabetização até então em uso, hoje designados "tradicionais"[10] – e passa a sujeito ativo capaz de progressivamente (re)construir esse sistema de representação, interagindo com a língua escrita em seus usos e práticas sociais, isto é, interagindo com material "para ler", não com material artificialmente produzido para "aprender a ler"; os chamados *pré-requisitos* para a aprendizagem da escrita, que caracterizariam a criança "pronta" ou "madura" para ser alfabetizada – pressuposto dos métodos "tradicionais" de alfabetização –, são negados por uma visão interacionista, que rejeita uma ordem hierárquica de habilidades, afirmando que a aprendizagem se dá por uma progressiva construção do conhecimento, na relação da criança com o objeto "língua escrita". As dificuldades da criança, no processo de construção do sistema de representação que é a língua escrita – consideradas "deficiências" ou "disfunções", na perspectiva dos métodos "tradicionais" – passam a ser vistas como "erros construtivos", resultado de constantes reestruturações.

Sem negar a incontestável contribuição que essa mudança paradigmática, na área da alfabetização, trouxe para a compreensão da trajetória da criança em direção à descoberta do sistema alfabético, é preciso, entretanto, reconhecer que ela conduziu a alguns equívocos e a falsas inferências, que podem explicar a *desinvenção* da alfabetização, de que se fala neste tópico – e também podem explicar a perda de especificidade do processo de alfabetização, proposta anteriormente.

Em primeiro lugar, dirigindo-se o foco para o processo de construção do sistema de escrita pela criança, passou-se a subestimar a natureza do objeto de conhecimento em construção, que é, fundamentalmente, um objeto linguístico constituído, quer se considere o sistema alfabético quer o sistema ortográfico, de relações convencionais e frequentemente arbitrárias entre fonemas e grafemas. Em outras palavras, privilegiando a faceta psicológica da alfabetização, obscureceu-se sua faceta linguística – fonética e fonológica.

Em segundo lugar, derivou-se da concepção construtivista da alfabetização uma falsa inferência, a de que seria incompatível com o paradigma conceitual psicogenético a proposta de métodos de alfabetização.

> Para um aprofundamento da questão de métodos de alfabetização nos anos 1980 e 1990, ver, na parte 2 deste livro, o texto "Alfabetização: em busca de um método?".

De certa forma, o fato de que o problema da aprendizagem da leitura e da escrita tenha sido considerado, no quadro dos paradigmas conceituais "tradicionais", um problema sobretudo metodológico contaminou o conceito de método de alfabetização, atribuindo-lhe uma conotação negativa: é que, quando se fala em "método" de alfabetização, identifica-se, imediatamente, "método" com os tipos "tradicionais" de métodos – sintéticos e analíticos (fônico, silábico, global etc.), como se esses tipos esgotassem todas as alternativas metodológicas para a aprendizagem da leitura e da escrita. Talvez se possa dizer que, para a prática da alfabetização, tinha-se, anteriormente, um método e nenhuma teoria; com a mudança de concepção sobre o processo de aprendizagem da língua escrita, passou-se a ter uma teoria e nenhum método.

Acrescente-se a esses equívocos e falsas inferências o também falso pressuposto, decorrente deles e delas, de que apenas através do convívio intenso com o material escrito que circula nas práticas sociais, ou seja, do convívio com a cultura escrita, a criança se alfabetiza. A *alfabetização*, como processo de aquisição do sistema convencional de uma escrita alfabética e ortográfica, foi, assim, de certa forma obscurecida pelo *letramento*, porque este acabou por frequentemente prevalecer sobre aquela, que, como consequência, perde sua especificidade.

É preciso, a esta altura, deixar claro que defender a especificidade do processo de alfabetização não significa dissociá-lo do processo de letramento, como se defenderá adiante. Entretanto, o que lamentavelmente parece estar ocorrendo atualmente é que a percepção que se começa a ter de que, se as crianças estão sendo, de certa forma, *letradas* na escola, não estão sendo *alfabetizadas*, parece estar conduzindo à solução de um retorno à alfabetização como processo autônomo, independente do letramento e anterior a ele. É o que estou considerando ser uma *reinvenção* da alfabetização, que, numa afirmação apenas aparentemente contraditória, é, ao mesmo tempo, *perigosa* – se representar um retrocesso a paradigmas anteriores, com perda dos avanços e conquistas feitos nas últimas décadas – *e necessária* – se representar a recuperação de uma faceta fundamental do processo de ensino e de aprendizagem da língua escrita. É do que se tratará no próximo tópico.

A REINVENÇÃO DA ALFABETIZAÇÃO

Temos usado com frequência na área da educação a metáfora da "curvatura da vara", a que os americanos preferem a metáfora do "pêndulo", ambas representando a tendência ao raciocínio alternativo: ou isto ou aquilo; se isto, então não aquilo.

A autonomização do processo de alfabetização, em relação ao processo de letramento, para a qual se está tendendo atualmente, pode ser interpretada como a

> Por "atualmente" entenda-se aqui o início dos anos 2000, quando foi publicado este texto (2004).

curvatura da vara ou o movimento do pêndulo para o "outro" lado. O "lado" contra o qual essa tendência se levanta, aquele que, de certa forma, dominou o ensino da língua escrita não só no Brasil, mas também em vários outros países, nas últimas décadas, baseia-se numa concepção holística da aprendizagem da língua escrita, de que decorre o princípio de que aprender a ler e a escrever é aprender a construir sentido *para* e *por meio de* textos escritos, usando experiências e conhecimentos prévios; no quadro dessa concepção, o sistema grafofônico (as relações fonema-grafema) não é objeto de ensino direto e explícito, pois sua aprendizagem decorreria de forma natural da interação com a língua escrita. É essa concepção e esse princípio que fundamentam a *whole language*, nos Estados Unidos, e o chamado *construtivismo*, no Brasil.

Entretanto, resultados de avaliações de níveis de alfabetização da população em processo de escolarização, que se multiplicaram nas duas últimas décadas no Brasil e em muitos outros países, têm levado a críticas a essa concepção holística da aprendizagem da língua escrita, incidindo essa crítica particularmente na ausência, no quadro dessa concepção, de instrução direta e específica para a aprendizagem do código alfabético e ortográfico. Em países que, tradicionalmente, têm inspirado a educação brasileira – França e Estados Unidos –, essa crítica e recomendações dela decorrentes foram recentemente expressas em documentos oficiais e programas de ensino, de que convém dar rápida notícia, uma vez que o movimento que começa a esboçar-se

> O movimento que "começava a esboçar-se" na época da publicação deste artigo (2004) continua atual, pois tem persistido, estando ainda presente no momento em que esta edição é feita (2016).

entre nós nessa mesma direção tem buscado neles (embora não só neles) fundamento e justificação.

Na França, a constatação de dificuldades de leitura e de escrita na população em fase de escolarização levou o Observatório Nacional da Leitura, órgão consultivo do Ministério da Educação Nacional, da Pesquisa e da Tecnologia, a divulgar, no final dos anos 1990, o documento *Apprendre à lire au cycle des apprentissages fondamentaux* (Observatoire National de la Lecture, 1998), em que, com apoio em dados de pesquisas sobre a aprendizagem da leitura, afirma-se que o conhecimento do código grafofônico e o domínio dos processos de codificação e decodificação constituem etapa fundamental e indispensável para o acesso à língua escrita, "condição necessária, se bem que não suficiente, para a compreensão dos textos", etapa que não pode ser vencida

> [...] sem uma instrução explícita, visando, de um lado, à tomada de consciência de que a palavra pode ser representada por uma sequência linear de fonemas, por outro lado, que os caracteres (ou grupos de caracteres) alfabéticos representam os fonemas. (1998: 93, tradução da autora)

Nos Estados Unidos, desde o início dos anos 1990 tem sido intensa a discussão sobre a aprendizagem da língua escrita na escola, discussão que se concentra, sobretudo, em polêmicas que contrapõem a concepção holística – *whole language* – à concepção grafofônica – *phonics*.[11] Em meados dos anos 1990, a *whole language*, que vinha tendo grande difusão no país desde meados dos anos 1980, passou a ser contestada, sobretudo por negar o ensino do sistema alfabético e ortográfico e das relações fonema-grafema de forma direta e explícita. Já em 1990, a publicação da obra de Marilyn Jager Adams, *Beginning to Read: Thinking and Learning about Print*, levara à substituição da oposição *phonics* versus *whole-word*, em torno da qual se desenvolvia até então o debate, pela oposição *phonics* versus *whole language*. Identifica-se um paralelo com o que ocorreu no Brasil aproximadamente na mesma época, quando o debate que até então se fazia em torno da oposição entre métodos sintéticos (fônico, silabação) e métodos analíticos (palavração, sentenciação, global) foi suplantado pela introdução da concepção "construtivista" na alfabetização, bastante semelhante à *whole language*.

Os defensores do ensino direto e explícito das relações fonema-grafema, no processo de alfabetização, nos Estados Unidos, encontraram reforço no relatório produzido, em 2000, pelo National Institute of Child Health and Human Development (NICHD), em resposta à solicitação do Congresso Nacional, alarmado com os baixos níveis de competência em leitura que avaliações estaduais e nacionais de crianças em processo de escolarização vinham denunciando: o *National Reading Panel: Teaching Children to Read* é um estudo de avaliação e integração das pesquisas existentes no país sobre a alfabetização de crianças, com o objetivo de identificar procedimentos eficientes para que esse processo se realizasse com sucesso. O subtítulo do relatório esclarece bem sua natureza: *An Evidence-Based Assessment of the Scientific Research Literature on Reading and Its Implications for Reading Instruction* (Uma avaliação baseada em evidências da literatura de pesquisa científica sobre a alfabetização e suas implicações para a instrução).[12] O relatório conclui que, entre as facetas consideradas componentes essenciais do processo de alfabetização – consciência fonêmica, *phonics*[13] (relações fonema-grafema), fluência em leitura (oral e silenciosa), vocabulário e compreensão –, as *evidências* a que as pesquisas conduziam mostravam que têm *implicações* altamente positivas para a aprendizagem da língua escrita o desenvolvimento da consciência fonêmica e o ensino explícito, direto e sistemático das correspondências fonema-grafema.

Retomando o título deste subtópico, pode-se perguntar: nesse contexto – francês e norte-americano –, o que constitui a *reinvenção* da alfabetização? Uma análise tanto do documento francês – *Apprendre à lire* – quanto do relatório americano – o *National Reading Panel* – evidenciam que a concepção de aprendizagem da língua escrita, em ambos, é mais ampla e multifacetada que apenas a aprendizagem do código, das relações grafofônicas; o que ambos postulam é a necessidade de que essa faceta recupere a importância fundamental que tem na aprendizagem da língua escrita, sobretudo que ela seja objeto de ensino direto, explícito, sistemático. Entretanto, a questão tem se colocado, particularmente nos Estados Unidos, e começa a se colocar assim também entre nós, em termos de antagonismo de concepções, uma oposição de grupos a

> Na data em que esta edição é feita, o *antagonismo de concepções* já se acha claramente colocado entre nós.

favor e grupos contra o movimento que tem sido denominado "volta ao fônico" (*back to phonics*) – como se, para endireitar a vara, fosse mesmo necessário curvá-la para o lado oposto, ou como se o pêndulo devesse estar ou de um lado, ou de outro. É essa tendência a radicalismos que torna perigosa a necessária *reinvenção* da alfabetização.[14]

O que é preciso reconhecer é que o antagonismo que gera radicalismos é mais político que propriamente conceitual, pois é óbvio que tanto a *whole language*, nos Estados Unidos, quanto o chamado *construtivismo*, no Brasil, consideram a aprendizagem das relações grafofônicas como parte integrante da aprendizagem da língua escrita – ocorreria a alguém a possibilidade de se ter acesso à cultura escrita sem a aprendizagem das relações entre o sistema fonológico e o sistema alfabético? A diferença entre propostas como a do *Apprendre à lire* ou do *National Reading Panel* e propostas como a da *whole language* ou do construtivismo está em que, enquanto nas primeiras considera-se que as relações entre o sistema fonológico e os sistemas alfabético e ortográfico devem ser objeto de instrução direta, explícita e sistemática, com certa autonomia em relação ao desenvolvimento de práticas de leitura e escrita, nas segundas considera-se que essas relações não constituem propriamente objeto de ensino, pois sua aprendizagem deve ser incidental, implícita, assistemática, no pressuposto de que a criança é capaz de descobrir por si mesma as relações fonema-grafema, em sua interação com material escrito e por meio de experiências com práticas de leitura e de escrita. Pode-se, talvez, dizer que, no primeiro caso, privilegia-se a *alfabetização*, no segundo caso, o *letramento*. O problema é que, num e noutro caso, dissocia-se equivocadamente alfabetização de letramento, e, no segundo caso, atua-se como se realmente pudesse ocorrer de forma incidental e natural a aprendizagem de objetos de conhecimento que são convencionais e, em parte significativa, arbitrários – o sistema alfabético e o sistema ortográfico.

Dissociar alfabetização e letramento é um equívoco porque, no quadro das atuais concepções psicológicas, linguísticas e psicolinguísticas de leitura e escrita, a entrada da criança (e também do adulto analfabeto) no mundo da escrita ocorre simultaneamente por esses dois processos: pela aquisição do sistema convencional de escrita – *a alfabetização* – e pelo desenvolvimento de habilidades de uso desse sistema em atividades de leitura e escrita, nas práticas sociais que envolvem a língua escrita – *o letramento*. Não são processos independentes, mas interdependentes e indissociáveis: a alfabetização desenvolve-se *no contexto de* e *por meio de* práticas sociais de leitura e de escrita, isto é, através de atividades de letramento, e este, por sua vez, só se pode desenvolver *no contexto da* e *por meio da* aprendizagem das relações fonema-grafema, isto é, em dependência da alfabetização.

A concepção "tradicional" de alfabetização, traduzida nos métodos analíticos ou sintéticos, tornava os dois processos independentes, a alfabetização – a aquisição do sistema convencional de escrita, o aprender a ler como decodificação e a escrever como codificação – precedendo o letramento – o desenvolvimento de habilidades textuais de leitura e de escrita, o convívio com tipos e gêneros variados de textos e de portadores de textos, a compreensão das funções da escrita. Na concepção atual, a alfabetização não precede o letramento, os dois processos são simultâneos, o que talvez até permitisse optar por um ou outro termo, como sugere Emilia Ferreiro em recente entrevista à revista *Nova Escola*,[15] em que rejeita a coexistência dos dois termos com o argumento de que em alfabetização estaria compreendido o conceito de letramento, ou vice-versa, em letramento estaria compreendido o conceito de alfabetização – o que seria verdade, desde que se convencionasse que por alfabetização seria possível entender muito mais que a aprendizagem grafofônica, conceito tradicionalmente atribuído a esse processo, ou que em letramento seria possível incluir a aprendizagem do sistema de escrita. A conveniência, porém, de conservar os dois termos parece-me estar em que, embora designem processos interdependentes, indissociáveis e simultâneos, são processos de natureza fundamentalmente diferente, envolvendo conhecimentos, habilidades e competências específicos, que implicam formas de aprendizagem diferenciadas e, consequentemente, procedimentos diferenciados de ensino.

Sobretudo no momento atual, em que os equívocos e falsas inferências anteriormente mencionados levaram

> O que se diz sobre o "momento atual" aqui mencionado, início dos anos 2000, persiste em 2016; da mesma forma, o *hoje* usado pouco adiante neste parágrafo em referência ao fracasso em alfabetização à época em que este artigo foi publicado continua sendo válido para se referir ao *hoje* do momento em que esta edição é feita.

alfabetização e letramento a se confundirem, com prevalência deste último e perda de especificidade da primeira, o que se constitui como uma das causas do fracasso em alfabetização que hoje ainda se verifica nas escolas brasileiras, a distinção entre os dois processos e consequente recuperação da especificidade da alfabetização tornam-se metodológica e até politicamente convenientes, desde que essa distinção e a especificidade da alfabetização não sejam entendidas como independência de um processo em relação ao outro, ou como precedência de um em relação ao outro. Assegurados esses pressupostos, a *reinvenção* da alfabetização revela-se necessária, sem se tornar perigosa.

É que, diante dos precários resultados que vêm sendo obtidos, entre nós, na aprendizagem inicial da língua escrita, com sérios reflexos ao longo de todo o ensino fundamental, parece ser necessário rever os quadros referenciais e os processos de ensino que têm predominado em nossas salas de aula, e talvez reconhecer a possibilidade e mesmo a necessidade de estabelecer a distinção entre o que mais propriamente se denomina *letramento*, de que são muitas as facetas – imersão das crianças na cultura escrita, participação em experiências variadas com a leitura e a escrita, conhecimento e interação com diferentes tipos e gêneros de material escrito – e o que é propriamente a *alfabetização*, de que também são muitas as facetas – consciência fonológica e fonêmica, identificação das relações fonema-grafema, habilidades de codificação e decodificação da língua escrita, conhecimento e reconhecimento dos processos de tradução da forma sonora da fala para a forma gráfica da escrita. Por outro lado, o que não é contraditório, é preciso reconhecer a possibilidade e necessidade de promover a conciliação entre essas duas dimensões da aprendizagem da língua escrita,[16] integrando alfabetização e letramento, sem perder, porém, a especificidade de cada um desses processos, o que implica reconhecer as muitas facetas de um e outro e, consequentemente, a diversidade de métodos e procedimentos para ensino de um e de outro, uma vez que, no quadro dessa concepção, não há *um* método para a aprendizagem inicial da língua escrita, há múltiplos métodos, pois a natureza de cada faceta determina certos procedimentos de ensino, além de as características de cada grupo de crianças, e até de cada criança, exigir formas diferenciadas de ação pedagógica. Desnecessário se torna destacar, por óbvias, as consequências, nesse novo quadro referencial, para a formação de profissionais responsáveis pela aprendizagem inicial da língua escrita por crianças em processo de escolarização.[17]

Em síntese, o que se propõe é, em primeiro lugar, a necessidade de reconhecimento da especificidade da alfabetização, entendida como processo de aquisição e apropriação do sistema da escrita, alfabético e ortográfico; em segundo lugar, e como decorrência, a importância de que a alfabetização se desenvolva num contexto de letramento – entendido este, no que se refere à etapa inicial da aprendizagem da escrita, como a participação em eventos variados de leitura e de escrita, e o consequente desenvolvimento de habilidades de uso da leitura e da escrita nas práticas sociais que envolvem a língua escrita, e de atitudes positivas em relação a essas práticas; em terceiro lugar, o reconhecimento de que tanto a alfabetização quanto o letramento têm diferentes dimensões, ou facetas, que a natureza de cada uma delas demanda uma metodologia diferente, de modo que a aprendizagem inicial da língua escrita exige múltiplas metodologias, algumas caracterizadas por ensino direto, explícito e sistemático – particularmente a alfabetização, em suas diferentes facetas – outras caracterizadas por ensino incidental, indireto e subordinado a possibilidades e motivações das crianças; em quarto lugar, a necessidade de rever e reformular a formação dos professores das séries iniciais do ensino fundamental, de modo a torná-los capazes de enfrentar o grave e reiterado fracasso escolar na aprendizagem inicial da língua escrita nas escolas brasileiras.

NOTAS

[1] A expressão é inspirada no título do livro de Bernard Lahire: *L'invention de l'"illettrisme"* (1999). Entretanto, é aqui outro o sentido que se pretende dar a "invenção": Lahire usa a palavra para caracterizar a construção social de um discurso sobre o *"illettrisme"*, discurso que, em seu livro, busca desconstruir; aqui, atribui-se à palavra "invenção" o sentido de criação, descoberta, concepção do fenômeno do letramento.

[2] A expressão Quarto Mundo designa a parte da população, nos países do Primeiro Mundo, mais desfavorecida. A expressão é usada também para nomear os países menos avançados, entre os países em desenvolvimento.

[3] Para uma análise dos conceitos de alfabetização e letramento de um ponto de vista ideológico e político, veja-se, na parte 3 deste livro, o texto "Alfabetização e cidadania".

[4] Convém esclarecer que as reflexões aqui desenvolvidas têm como objeto privilegiado de análise a escola pública.

[5] Saresp – Sistema de Avaliação da Rede Estadual de São Paulo; Simave – Sistema Mineiro de Avaliação da Educação Pública; Saeb – Sistema Nacional de Avaliação da Educação Básica; Enem – Exame Nacional do Ensino Médio; Pisa – Programa Internacional de Avaliação de Estudantes.

6 É preciso reconhecer que esta modalidade de fracasso escolar aqui caracterizada como *anterior* continua presente, ainda não superada; o adjetivo *anterior* é aqui usado apenas para diferenciá-la de uma nova modalidade que se vem revelando nas últimas décadas.

7 Gaffney e Anderson identificam as mudanças de paradigma na área da alfabetização, nos Estados Unidos, nas três últimas décadas (1970, 1980 e 1990), analisando relatos de pesquisa publicados nas revistas *Reading Research Quarterly* (697 artigos) e *The Reading Teacher* (3.018 artigos), no período de 1966 a 1998. Uma comparação entre os resultados a que chegam esses autores e os resultados da pesquisa sobre o estado do conhecimento a respeito da alfabetização no Brasil, que vem sendo desenvolvida no Centro de Alfabetização, Leitura e Escrita – Ceale, da Faculdade de Educação da UFMG (Soares e Maciel, 2000), mostram que as mesmas tendências ocorrem também no Brasil.

8 A *whole language* tem sua origem em um conjunto de princípios teóricos, com raízes basicamente psicolinguísticas, sobre a natureza holística da linguagem, da aprendizagem e, consequentemente, do ensino, que se difundiu nos Estados Unidos nos anos 1970, sob a liderança de Kenneth Goodman, tendo se concretizado em proposta pedagógica; embora voltados para todas as áreas do currículo (cf. Smith, Goodman e Meredith, 1970, uma das primeiras obras sobre os princípios teóricos dessa visão holística), esses princípios ganharam lugar e relevância sobretudo na área do ensino da língua, e particularmente do ensino e aprendizagem da língua escrita, tendo, nesta área, recebido apoio e reforço de Frank Smith e sua teoria psicolinguística do processo de leitura (cf. Smith, 1973 e 1997, para citar uma de suas primeiras obras e uma recente, publicada quase 25 anos depois). A proposta pedagógica da *whole language* para a alfabetização aproxima-se das que, a partir de meados dos anos de 1980, no Brasil, derivaram dos estudos sobre a psicogênese da língua escrita, de Emilia Ferreiro e Ana Teberosky (1985).

9 A relação entre a concepção "construtivista" da aprendizagem e a alfabetização foi compreendida de forma tão absoluta no Brasil que se difundiu amplamente o conceito equivocado de que só na fase da aprendizagem da língua escrita poderia um professor ser "construtivista".

10 Não se atribui, aqui, ao adjetivo "tradicional" o sentido pejorativo que costuma ter; o termo é aqui utilizado para caracterizar, de forma descritiva e não avaliativa, os métodos vigentes até o momento da introdução da perspectiva "construtivista" na área da alfabetização; é preciso lembrar que esses métodos hoje considerados "tradicionais" um dia foram "novos" ou "inovadores" – o *tradicional* não se esgota no passado, é fruto de um processo permanente que não termina nunca: estamos construindo hoje o "tradicional" de amanhã, quando outros "novos" surgirão.

11 Na verdade, a discussão, nos Estados Unidos, em torno de teorias e métodos de alfabetização antecede o debate em torno de *whole language* e *phonics*, pois ela se vem desenvolvendo desde os anos 1960, configurando o que a literatura educacional daquele país tem denominado *The Reading Wars*. Assim, já em 1967 foram realizados dois estudos sobre a alfabetização no país: *The Cooperative Research Program in First-Grade Reading Instruction*, mais conhecido como *First-Grade Studies* (Bond; Dykstra, 1967/1997) e *Learning to Read: the Great Debate* (Chall, 1967); em 1985, foram apresentados os resultados de um outro estudo, o relatório *Becoming a Nation of Readers* (Anderson et al., 1985); novo estudo, realizado por Marilyn Jager Adams, foi publicado em 1990, *Beginning to Read: Thinking and Learning About Print* (Adams, 1990); em 1998, novo relatório é publicado: *Preventing Reading Difficulties in Young Children* (Snow, Burns e Griffin, 1998); o último estudo realizado, aquele que neste texto se comenta, é de 2000, publicado com o título de *Report of the National Reading Panel: Teaching Children to Read* (National Institute of Child Health and Human Development, 2000). Uma análise e crítica desses relatórios podem ser encontradas em Cowen (2003).

12 Foge aos limites deste texto uma reflexão, no entanto necessária, sobre as estreitas relações entre pesquisa e ensino que se consolidaram nos Estados Unidos, particularmente em decorrência do *No Child Left Behind Act*, Lei de 2001, que vinculou a concessão de recursos a escolas com problemas na área da alfabetização à fundamentação dos projetos em pesquisa quantitativa, experimental ou quase-experimental; sobre isso, pelo menos três aspectos mereceriam discussão: em primeiro lugar, o pressuposto de que resultados de pesquisa, sobretudo com alto grau de controle de variáveis, podem ser generalizados para toda e qualquer escola e sala de aula, para todo e qualquer professor, todo e qualquer grupo de alunos; em segundo lugar, o privilégio concedido à pesquisa quantitativa e experimental, em detrimento da pesquisa qualitativa e das abordagens etnográficas; em terceiro lugar, a exclusividade atribuída às evidências "científicas" como fundamento para o ensino, ignorando-se a contribuição das evidências decorrentes de práticas bem-sucedidas. Para a reflexão sobre essas questões, sugere-se a leitura de Cunningham (2001) e da "declaração de princípios" (*position statement*) da International Reading Association, *What is Evidence-Based Reading Instruction?* (IRA, 2002).

[13] Não há substantivo em português correspondente ao substantivo *phonics* da língua inglesa; isso tem levado à equivocada interpretação, no Brasil, de que *phonics*, na literatura de língua inglesa, traduz-se por *método fônico* de alfabetização.
[14] Alguns exemplos do antagonismo entre *phonics* e *whole language* são: a coletânea de textos organizada por Kenneth Goodman (1998); a veemente crítica de Elaine Garan (2002) ao *National Reading Panel*; em posição oposta, a veemente crítica da *whole language* e defesa do *National Reading Panel* por Louisa Moats (2000).
[15] Ano XVIII, n. 162, p. 30, maio 2003.
[16] A busca de conciliação entre letramento – *whole language* – e alfabetização – *phonics* – já vem sendo tentada nos Estados Unidos, com a sugestão de superação dos antagonismos pela opção por uma *balanced instruction* (ensino balanceado), que admite a compatibilidade entre as duas propostas e reconhece a possibilidade de sua coexistência (cf. Cowen, 2003; Blair-Larsen e Williams, 1999; Freppon e Dahl, 1998; Johnson, 1999).
[17] O que aqui se diz sobre a aprendizagem inicial da língua escrita por crianças em processo de escolarização também se aplica a adultos; a diferença está, fundamentalmente, na natureza das experiências e práticas de leitura e escrita proporcionadas a estes, e na necessária adequação do material escrito envolvido nessas experiências e práticas. Convém, assim, destacar a necessidade de uma formação para o responsável pela aprendizagem inicial da escrita por adultos tão específica e complexa quanto é a formação para o responsável pela aprendizagem inicial da escrita por crianças.

REFERÊNCIAS BIBLIOGRÁFICAS

ADAMS, Marylin Jager. *Beginning to Read*: Thinking and Learning About Print. Cambridge, MA: MIT Press, 1990.
ANDERSON, Richard C.; HIEBERT, Elfrieda H.; SCOTT, Judith A.; WILKINSON, Ian A. G. *Becoming a Nation of Readers*: the Report of the Commission on Reading. Washington, DC: National Institute of Education, 1985.
BARTON, David. *Literacy*: an Introduction to the Ecology of Written Language. Oxford, UK: Blackwell, 1994.
BLAIR-LARSEN, Susan M.; WILLIAMS, Kathryn A. (eds.) *The Balanced Reading Program*: Helping All Students Achieve Success. Newark, DE: International Reading Association, 1999.
BOND, Guy L.; DYKSTRA, Robert. "The Cooperative Research Program in First-Grade Reading Instruction". *Reading Research Quarterly*. v. 32, n. 4, 1967/1997, pp. 345-427.
CHALL, Jeanne S. *Learning to Read*: the Great Debate. New York: McGraw Hill, 1967.
CHARTIER, Anne-Marie; HÉBRARD, Jean. *Discours sur la lecture* – 1880-2000. 2. ed. Paris: Centre Pompidou/Fayard, 2000.
COWEN, John Edwin. *A Balanced Approach to Beginning Reading Instruction*: a Synthesis of Six Major U.S. Research Studies. Newark, DE: International Reading Association, 2003.
CUNNINGHAM, James W. "The National Reading Panel Report". *Reading Research Quarterly*. v. 36, n. 3, 2001, pp. 326-35.
FERREIRO, Emilia; TEBEROSKY, Ana. *Psicogênese da língua escrita*. Trad. D. M. Lichtenstein, L. Di Marco, M. Corso. Porto Alegre: Artes Médicas, 1985.
FREPPON, Penny A.; DAHL, Karin L. "Balanced Instruction: Insights and Considerations". *Reading Research Quarterly*. v. 33, n. 2, 1998, pp. 240-51.
GAFFNEY, Janet S.; ANDERSON, Richard C. Trends in Reading Research in the United States: Changing Intellectual Currents Over Three Decades. In: KAMIL, M. L.; MOSENTHAL, P. B.; PEARSON, P. D.; BARR, R. *Handbook of Reading Research* – v. III. Mahwah, NJ: Lawrence Erlbaum, 2000, pp. 53-74.
GARAN, Elaine M. *Resisting Reading Mandates*: How to Triumph with the Truth. Portsmouth, NH: Heinemann, 2002.
GOODMAN, Kenneth S. (ed.) *In Defense of Good Teaching*: What Teachers Need to Know About the "Reading Wars". York, Maine: Stenhouse Publishers, 1998.
IRA – International Reading Association. What is Evidence-Based Reading Instruction? A Position Statement. In: *Evidence-Based Reading Instruction*: Putting the National Reading Panel Report into Practice. Newark, DE: International Reading Association, 2002, pp. 232-6.
JOHNSON, Debra. Balanced Reading Instruction: Review of Literature. North Central Regional Educational Laboratory (NCREL), 1999. Disponível em: <www.ncrel.org/sdrs/timely/briiss.htm>. Acesso em: 1 set. 2003.
KIRSCH, Irwin S.; JUNGEBLUT, Ann. *Literacy*: Profiles of America's Young Adults. Final Report of the National Assessment for Educational Progress. Princeton, NJ: Educational Testing Service, 1986.
KLEIMAN, Ângela (org.) *Os significados do letramento*. Campinas: Mercado de Letras, 1995.

LAHIRE, Bernard. *L'invention de l'"illettrisme"*: rhétorique publique, éthique et stigmates. Paris: La Découverte, 1999.

MOATS, Louisa Cook. *Whole Language Lives On*: the Illusion of "Balanced" Reading Instruction. The Thomas B. Fordham Foundation, 2000. Disponível em: <www.edexcellence.net/library/wholelang/moats.html>. Acesso em: 14 set. 2003.

NATIONAL INSTITUTE OF CHILD HEALTH AND HUMAN DEVELOPMENT – NICHD. *Report of the National Reading Panel*: Teaching Children to Read – an Evidence-Based Assessment of the Scientific Research Literature on Reading and its Implications for Reading Instruction. Washington, DC: U.S. Government Printing Office, 2000.

OBSERVATOIRE NATIONAL DE LA LECTURE. Ministère de l'Éducation Nationale de la Recherche et de la Technologie. *Apprendre à lire au cycle des apprentissages fondamentaux*: analyses, réflexions et propositions. Paris: Éditons Odile Jacob, 1998.

ROJO, Roxane (org.) *Alfabetização e letramento*. Campinas: Mercado de Letras, 1998.

SMITH, E. Brooks; GOODMAN, Kenneth S.; MEREDITH, Robert. *Language and Thinking in School*. New York: Holt, Rinehart and Winston, 1970.

SMITH, Frank. *Psycholinguistics and Reading*. New York: Holt, Rinehart and Winston, 1973.

_____. *Reading Without Nonsense*. New York: Teachers College Press, 1997.

SNOW, Catherine E.; BURNS, Susan; GRIFFIN, Peg (eds.) *Preventing Reading Difficulties in Young Children*. Washington, DC: National Academy Press, 1998.

SOARES, Magda. *Letramento*: um tema em três gêneros. Belo Horizonte: Autêntica, 1998.

_____; MACIEL, Francisca. *Alfabetização*. Brasília: MEC/Inep/Comped, 2000. (Série Estado do Conhecimento.)

TFOUNI, Leda Verdiani. *Adultos não alfabetizados*: o avesso do avesso. Campinas: Pontes, 1988.

_____. *Letramento e alfabetização*. São Paulo: Cortez, 1995.

Em busca da qualidade em alfabetização: em busca... de quê?

Este texto foi apresentado no Simpósio "Escolarização básica: em busca da qualidade", que ocorreu em setembro de 1991, durante a 6ª Conferência Brasileira de Educação, cujo tema central foi "Política Nacional de Educação". Foi publicado, juntamente com os demais textos apresentados nesse Simpósio, em uma das coletâneas que resultaram da Conferência, a coletânea intitulada *Escola Básica* (Campinas, SP: Papirus, 1992). Atendendo ao tema do Simpósio, o texto discute, sob a perspectiva da questão da qualidade, concepções de alfabetização e alfabetismo (o termo *letramento* ainda não é aqui usado, sendo apenas mencionado em nota de fim de texto). Embora vinte e cinco anos tenham passado, é preciso reconhecer que a qualidade do processo de alfabetização continua sendo um problema central e crucial da educação brasileira, o que faz com que o texto, incluindo, lamentavelmente, seus dois primeiros parágrafos e a frase final, mantenha-se atual e pertinente, após decorridos tantos anos.

O tema deste Simpósio – a questão da qualidade da escolarização básica – não é, sabemos todos, um tema novo para nós: ao contrário, é tema reincidente, no Brasil, nos debates e na produção científica da área educacional; na verdade, se a elevação da qualidade da educação e, em geral, da escolarização básica, em nosso país, decorresse da intensidade de pesquisas, estudos e seminários que vimos desenvolvendo sobre esse tema, já não seria provavelmente necessário estarmos hoje aqui, discutindo-a mais uma vez...

Essa reincidência do tema "qualidade" torna-se ainda mais evidente quando, no âmbito da escolarização básica, se privilegia a questão da qualidade da alfabetização; aqui, mais que reincidência, temos já um verdadeiro lugar-comum: a permanente discussão, que já dura décadas, sobre o problema da qualidade da alfabetização no processo de escolarização da criança brasileira.

Para não insistir, mais uma vez, nesse lugar-comum – não porque ele seja infundado, já que expressa uma questão real (como acontece, em geral, com os lugares-comuns) – pretendo desenvolver uma reflexão não propriamente a respeito da qualidade da alfabetização, no contexto da escolarização básica, mas uma reflexão a respeito da própria "coisa" de cuja qualidade falamos, com cuja qualidade estamos preocupados. Talvez a inocuidade das nossas discussões sobre esse tema – a qualidade da alfabetização no Brasil – encontre uma de suas principais explicações no fato de essas discussões se desenvolverem em torno da qualidade de um objeto cuja configuração não está definida com suficiente clareza.

É que as análises e discussões sobre a qualidade da alfabetização, no contexto da escolarização básica, têm-se feito, entre nós, basicamente sob duas perspectivas: ou se buscam os fatores determinantes da qualidade da alfabetização, ou se busca aferir essa qualidade, por meio da avaliação dos resultados do processo de ensino e aprendizagem da língua escrita. Numa e noutra perspectiva, está sempre presente o pressuposto de que sabemos com clareza a que nos estamos referindo, quando falamos em "alfabetização".

Assim, na primeira perspectiva, são discutidos os fatores responsáveis pela qualidade do processo de ensino e aprendizagem da leitura e da escrita; entre outros: a natureza de paradigmas curriculares e metodológicos; a interferência de fatores intra e extraescolares na aquisição da língua escrita; a adequação ou inadequação do equipamento escolar e do material didático de alfabetização; a competência ou incompetência do professor alfabetizador; a definição do tempo de aprendizagem necessário para o domínio da leitura e da escrita, quer em termos de duração em anos do processo de alfabetização, quer em termos de horas-aula por dia etc.

Nessa perspectiva, o problema da qualidade da alfabetização é enfrentado através de propostas de intervenção que visem atuar sobre esses fatores, tais como mudanças curriculares; substituição de métodos de alfabetização em uso por outras alternativas metodológicas; atribuição, ao sistema escolar, de serviços que enfrentem os fatores extraescolares – alimentação, atendimento à saúde, à higiene etc.; distribuição de material didático às escolas; programas de formação e aperfeiçoamento de alfabetizadores etc.

Não pretendo discutir, aqui, a pertinência ou a eficácia de propostas como essas; o que quero destacar é que está sempre nelas subjacente o pressuposto de que se sabe com clareza o que é que as crianças devem conhecer, aprender, que habilidades devem adquirir para que sejam consideradas "alfabetizadas", de modo que o problema se configura como sendo o de identificar e promover as condições que conduzam de forma satisfatória a esses conhecimentos, a essas aprendizagens, a essas habilidades.

O mesmo ocorre quando a discussão sobre a qualidade da alfabetização se faz na segunda perspectiva – a qualidade discutida em termos da avaliação dos resultados do processo de alfabetização. Essa avaliação de resultados se faz ora em termos da produtividade do processo, ora em termos da natureza e do nível dos conhecimentos e habilidades adquiridos ao seu término.

No primeiro caso, a qualidade é analisada em função dos índices de exclusão, evasão, repetência, isto é, em função ou do nível de atendimento à demanda por alfabetização, indicado pela capacidade de absorção, pelo sistema escolar, das crianças em idade escolar, ou do nível de satisfação dessa demanda, indicada por índices de aprovação e de permanência na escola. São numerosos os estudos e pesquisas a respeito da qualidade da alfabetização, no Brasil, sob esse enfoque.

Não tão numerosos, mas também frequentes, são os estudos e pesquisas sobre a qualidade da alfabetização sob o segundo enfoque: a qualidade analisada em função dos resultados do processo escolar de alfabetização. Avalia-se o desempenho da criança em comportamentos de leitura e escrita, e considera-se esse desempenho como indicador do grau de qualidade do processo de alfabetização.

> A partir dos anos 1990, isto é, na década que se seguiu à produção deste texto, intensificou-se a tendência a buscar indicadores da qualidade da escolarização por meio de avaliações do desempenho de alunos; são exemplos o *Sistema Nacional de Avaliação da Educação Básica* (Saeb), o *Exame Nacional do Ensino Médio* (Enem), além de avaliações em nível estadual, como o Saresp, em São Paulo, o Simave, em Minas Gerais.

Em um e em outro caso, está também sempre presente, tal como ocorre na primeira perspectiva, o pressuposto de que o objeto cuja qualidade se está avaliando está claro e suficientemente configurado: determina-se a qualidade da alfabetização por índices de exclusão, evasão, repetência, sem explicitação ou definição dos conhecimentos, aprendizagens, habilidades de que a criança foi excluída (exclusão da escola), ou aos quais renunciou (evasão), ou que adquiriu em nível insatisfatório (repetência); ou avalia-se a qualidade da alfabetização aferindo comportamentos de leitura e escrita definidos escolarmente, e quase sempre pela inércia da tradição.

Não se pode negar a pertinência e importância dessas perspectivas de análise da questão da qualidade da alfabetização, no processo de escolarização básica; parece-me, entretanto, que, tomando como pressuposto que se conhece com clareza o objeto de cuja qualidade se fala, e limitando, assim, a discussão à busca dos fatores determinantes dessa qualidade ou à identificação do grau em que essa qualidade se manifesta, essas perspectivas ocultam o ponto essencial, fundamental da questão. Esse ponto essencial, fundamental, que habitualmente não emerge nas discussões sobre a qualidade da alfabetização, pode ser apreendido por intermédio de uma análise léxico-semântica da palavra "qualidade".

No Dicionário Aurélio, a palavra "qualidade" é assim definida:

> **qualidade**. [Do lat. *qualitate*.] S.f. 1. Propriedade, atributo ou condição das coisas ou das pessoas capaz de distingui-las das outras e de lhes determinar a natureza. 2. Numa escala de valores, qualidade (1) que permite

avaliar e, consequentemente, aprovar, aceitar ou recusar qualquer coisa: *A qualidade de um vinho não se mede apenas pelo rótulo; Não há relação entre o preço e a qualidade do produto.* [...]

A primeira acepção deixa claro que *qualidade* é acidente modificativo e caracterizador de um ser – coisa ou pessoa; que qualidade é "propriedade", é "atributo", é "condição" de um ser – coisa ou pessoa; e que "propriedade", "atributo", "condição" determinam a natureza do ser, distinguindo-o de outros seres. Trazendo essa abstração para o caso concreto da alfabetização: a *qualidade da alfabetização* são as propriedades, os atributos, as condições dessa "coisa" que denominamos "alfabetização", propriedades, atributos e condições que determinam sua natureza, permitindo-nos responder à pergunta: o que é alfabetização?, e que a distinguem de outras coisas, permitindo-nos diferenciar alfabetização de escolarização, alfabetização de leitura ou de escrita etc.

A segunda acepção evidencia que, sendo qualidade definida como "propriedade", "atributo", "condição", a avaliação da qualidade de um ser só pode ser a avaliação das "propriedades", "atributos", "condições" que determinam sua natureza e o distinguem de outros seres. Se esse "ser" é a alfabetização, avaliar a qualidade da alfabetização é avaliar propriedades, atributos, condições da alfabetização, para, como diz o verbete, aprová-la, aceitá-la ou recusá-la, conforme o grau em que essas suas propriedades, atributos e condições se manifestem: podem existir ou não existir, e existir em níveis diferentes.

O ponto essencial, fundamental, que me parece estar ausente das discussões que vêm sendo feitas a respeito da qualidade da alfabetização, no Brasil, é a prévia identificação dessas propriedades, atributos, condições que determinam a natureza dessa "coisa" de que se fala – a alfabetização – e que a distinguem de outras "coisas". Assim, as discussões desenvolvidas sob as perspectivas anteriormente mencionadas, isto é, as discussões sobre os fatores determinantes da qualidade da alfabetização e sobre as aferições da qualidade da alfabetização, por meio da avaliação de seus resultados, não só são frequentemente contraditórias como também pouco têm contribuído, é preciso reconhecer, para mudanças efetivas. É que, antes de buscar fatores determinantes da qualidade da alfabetização, ou avaliação de seus resultados, é preciso definir com clareza que propriedades, atributos, condições constituem essa qualidade da alfabetização e, portanto, que propriedades, atributos, condições devem ser aferidos, numa avaliação dessa qualidade.

Não pretendo, naturalmente, dada a complexidade do tema e o limite do tempo de que disponho, neste Simpósio, desenvolver discussão aprofundada sobre esse ponto que considero essencial, fundamental, para uma reflexão sobre a qualidade da alfabetização, isto é, sobre as propriedades, os atributos, as condições que determinam a natureza dessa qualidade, e que constituiriam aquilo que se deveria avaliar, ao aferir essa qualidade. Pretendo, apenas, apontar os principais problemas – já que soluções, ainda não as temos – que uma reflexão dessa natureza suscita.

Em primeiro lugar, é preciso reconhecer que determinar as propriedades, os atributos, as condições que constituem a qualidade da alfabetização é tarefa extremamente difícil.

Uma primeira razão para essa dificuldade é que o alfabetismo – que a alfabetização persegue – é uma variável contínua, e não discreta.[1] Em que momento desse *continuum*, que se estende do "nada" até um impreciso nível de domínio da leitura e da escrita, podemos afirmar que está finalizado o processo de alfabetização, que o indivíduo está alfabetizado? São falsas as dicotomias tão amplamente e universalmente usadas – alfabetismo/analfabetismo, alfabetizado/analfabeto: o que na verdade ocorre é que alguns indivíduos são mais alfabetizados que outros, não havendo um ponto específico, em uma escala única, que possa separar os alfabetizados dos analfabetos. Pode-se considerar que até mesmo aquele indivíduo que, aparentemente, está no "ponto zero" do *continuum* – o habitualmente classificado como "analfabeto", aquele que não sabe ler nem escrever – tem algum grau de alfabetismo, bastando, para isso, que conviva com alguém que saiba ler e escrever. (Quando um "analfabeto" ouve a leitura de uma notícia de jornal feita por um "alfabetizado" ou quando pede a um "alfabetizado" que escreva, por ele, uma carta, não está fazendo uso da escrita? E esse fazer uso da língua escrita não é uma das propriedades ou atributos da alfabetização?).

Uma segunda razão para a dificuldade de determinar as propriedades, atributos, condições da qualidade da alfabetização é a diversidade dos conhecimentos e habilidades que constituem o alfabetismo, e os diferentes graus de complexidade desses conhecimentos e habilidades. Em primeiro lugar, habilidades e usos de escrita são fundamentalmente diferentes de habilidades e usos de leitura – e isso se refere tanto aos processos psicológicos quanto linguísticos, tanto aos aspectos sociais quanto aos históricos e culturais. As habilidades de leitura, por sua vez, incluem tanto a mera decodificação de uma palavra quanto a crítica ou a contestação ao que é lido; e os usos da leitura incluem tanto o ler uma simples placa de trânsito quanto o ler um livro sobre Física Quântica, por exemplo. Da mesma maneira, as habilidades de escrita incluem tanto o apenas desenhar no papel as letras do alfabeto quanto o escrever longos textos dissertativos ou argumentativos; e os usos da escrita incluem tanto o escrever o próprio nome quanto escrever uma tese de doutorado. Quais dessas habilidades e usos constituem as propriedades, os atributos e as condições da alfabetização? Quais ultrapassam a alfabetização e são propriedades, atributos e condições de uma qualidade do alfabetismo?

Para essas questões não há uma única resposta, e isso constitui um outro problema para uma caracterização da qualidade da alfabetização que a distinga da qualidade do alfabetismo: é que as propriedades, os atributos, as condições que constituem a qualidade da alfabetização ou do alfabetismo dependem do contexto histórico, social, econômico, político, cultural, educativo em que essas práticas ocorrem.

Assim, em países do Primeiro Mundo, o significado de alfabetismo e de analfabetismo, de analfabeto e de alfabetizado é fundamentalmente diferente do significado que esses mesmos termos têm em um país do Terceiro Mundo. O grande problema que países como os Estados Unidos, a Inglaterra, a França declaram enfrentar, hoje, com a qualidade da alfabetização é o número de indivíduos (considerado grande) que, após vários anos de escolaridade, tendo quase sempre concluído o ensino fundamental, não possuem determinadas habilidades de leitura e escrita, encontram dificuldades em fazer certos usos da leitura e da escrita em situações sociais específicas (não sabem ler textos acima de certo nível de dificuldade, não sabem preencher formulários, não sabem escrever cartas formais ou requerimentos etc).

Já o nosso problema, em países do Terceiro Mundo, com a qualidade da

> Na verdade, os países do Primeiro Mundo enfrentam problemas em relação à qualidade do *alfabetismo* (ou *letramento*), não propriamente da *alfabetização*.

alfabetização é, evidentemente, outro: o nosso problema é que todos aprendam a ler e a escrever, é que todos possam fazer uso da escrita e da leitura, ainda que apenas para escrever ou ler "um bilhete simples" (são esses os critérios censitários para definir o alfabetizado, em quase todos os países do Terceiro Mundo; é significativo que, em países do Primeiro Mundo, o critério censitário para definir o alfabetizado seja um certo número mínimo de anos de escolaridade).

> Após a época em que este texto foi produzido (1991), graças, sobretudo, de um lado, à diminuição dos índices de analfabetismo adulto, de outro, à compreensão de que o aprender a ler e a escrever não pode ser dissociado das práticas sociais de leitura e de escrita, o nosso problema passou a ser não só de alfabetização – que todos, crianças e adultos, aprendam a ler e a escrever (ainda um problema, sem dúvida) – mas também de alfabetismo/letramento – que todos, crianças e adultos, aprendam a fazer uso adequado da leitura e da escrita nas práticas sociais que envolvem essas atividades.

Em síntese: aquilo a que nos referimos, nós, do Terceiro Mundo, quando discutimos a qualidade da alfabetização não é aquilo a que eles, os do Primeiro Mundo, se referem, quando falam em qualidade da alfabetização – as propriedades, os atributos, as condições que constituem a qualidade da alfabetização não são os mesmos, lá e cá.

O que é ainda mais sério é que essa relatividade das propriedades, atributos e condições da alfabetização, em função do estágio de desenvolvimento de diferentes países, impõe-se, também, quando se consideram diferentes estágios de desenvolvimento em um mesmo país. Quais são as propriedades, os atributos e as condições que constituem a qualidade da alfabetização em diferentes regiões do Brasil? Nas zonas urbanas e nas zonas rurais? No interior agrícola e nos grandes centros industrializados?

São esses apenas alguns dos problemas envolvidos na determinação da qualidade da alfabetização e do alfabetismo – aqueles que me parecem mais relevantes: a dificuldade de determinar, no *continuum* que é o alfabetismo, o ponto em que a criança pode ser considerada "alfabetizada", a diversidade dos conhecimentos, as habilidades e os usos envolvidos na alfabetização e no alfabetismo; a variedade de conceitos de alfabetização e alfabetismo, determinada pela relação de dependência desses conceitos em relação ao contexto histórico, social, econômico, político, cultural, educativo. O que afirmo é que esses e outros problemas têm estado ausentes das discussões a respeito da qualidade da alfabetização. Como disse inicialmente, discutimos ou os fatores determinantes dessa qualidade, ou a avaliação dessa qualidade, tomando como pressuposto que sabemos quais são as propriedades, os atributos, as condições que constituem essa qualidade; e, na verdade, não sabemos.

As consequências disso têm sido, parece-me, graves.

Por um lado, não fundamentar as discussões a respeito da qualidade da alfabetização em uma prévia reflexão, e consequentes decisões, sobre a natureza "contínua" do alfabetismo e a diversidade de conhecimentos, habilidades e usos nele envolvidos tem resultado em tendências opostas, mas igualmente perigosas: ou se atribui à alfabetização um conceito demasiado amplo (muitas vezes até mesmo ultrapassando os limites do mundo da escrita), ou, ao contrário, atribui-se a ela um conceito excessivamente restrito (a mera codificação de fonemas e decodificação de grafemas). Tendências, como disse, igualmente perigosas: no primeiro caso, a qualidade da alfabetização é constituída de tão numerosos e variados atributos, que ela, sendo tudo, torna-se nada; no segundo caso, a qualidade da alfabetização é constituída de tão limitados e modestos atributos que ela, sendo pouco, torna-se também nada.

Por outro lado, não considerar, nas discussões sobre a qualidade da alfabetização, sua relação de dependência com o contexto histórico, social, econômico, político, cultural, educativo tem tido como consequência a discriminação que acaba ocorrendo entre escolas que servem a classes sociais diferentes, ou a regiões diferentes, ou a grupos sociais diferentes. Podem-se identificar duas causas para essa discriminação. Primeira: a linha divisória entre alfabetizado e analfabeto é traçada em diferentes pontos do *continuum* que é o alfabetismo, em função do estrato social a que pertence a criança, ou da região em que vive, ou de outras características (sexo, cor, raça etc.), o que beneficia uns e penaliza outros, resultando em injusta subescolarização, ou subalfabetização, de certos grupos sociais e regionais. Segunda: a linha divisória é traçada em um mesmo ponto para todos, o que, da mesma forma, beneficia uns e penaliza outros, resultando em exclusão, evasão, repetência de certos grupos sociais e regionais, consequência de a escola desconhecer as relações entre o contexto em que vivem esses grupos e o acesso à escrita.

De tudo isso, o que se pode concluir? São duas principais conclusões.

Pode-se concluir, em primeiro lugar, que uma discussão sobre a qualidade da alfabetização tem de buscar, primordialmente, uma determinação das propriedades, atributos, condições do alfabetismo que devem caracterizar a alfabetização, ou a criança alfabetizada. Ou seja: uma determinação da "coisa" de que estamos falando, que estamos buscando, quando falamos em qualidade da alfabetização, quando buscamos qualidade em alfabetização.

E, em segundo lugar, pode-se concluir que uma discussão sobre a qualidade da alfabetização tem de conduzir, fundamentalmente, a uma tomada de posição em relação à universalização ou particularização das propriedades, atributos, condições que devem constituir a alfabetização: serão os mesmos para todos? Serão diferenciados segundo o contexto de cada grupo?

Uma e outra conclusão propõem questões que são essencialmente ideológicas e políticas, e apenas secundariamente são questões técnicas; ao constituir a "coisa" que para nós será a qualidade da alfabetização, determinando-lhe as propriedades, os atributos, as condições, estaremos constituindo um objeto marcado historicamente, socialmente, culturalmente – portanto, estaremos agindo ideologicamente e politicamente; e ao decidir se a todos será dado o mesmo, ou a cada um, segundo as características de seu contexto de vida, estaremos nos aproximando ou nos afastando da justiça social – portanto, e novamente, estaremos agindo ideologicamente e politicamente. O que me leva a propor uma resposta para a pergunta que constitui o título desta exposição: em busca da qualidade em alfabetização – em busca de uma ideologia e de uma política para a alfabetização da criança brasileira. É o que nos falta.

NOTA

[1] Torna-se necessário, aqui, um esclarecimento conceitual: estou entendendo por alfabetização, nesta exposição, a aquisição básica de leitura e de escrita e dos usos fundamentais da língua escrita na sociedade em que o indivíduo vive; uso o termo alfabetismo (outros preferem "letramento") para designar o estado ou condição de domínio e uso plenos da escrita, numa sociedade letrada.

Alfabetização e letramento: caminhos e descaminhos

Este artigo foi publicado em *Pátio* – Revista Pedagógica, ano VIII, n. 29, fev./abr. 2004, sendo, pois, contemporâneo do segundo texto desta Parte 1 – "Letramento e alfabetização: as muitas facetas", também publicado em 2004. Como aquele, também este texto buscou responder às dúvidas, naquele momento frequentemente manifestadas, sobre o sentido da palavra "letramento", então recém-introduzida no vocabulário educacional, e sobre suas relações com o bem conhecido conceito de alfabetização. Por outro lado, este texto buscou também responder à persistente perplexidade diante do reiterado fracasso em alfabetização no processo de escolarização das crianças, retomando o tema já discutido há mais de dez anos, em 1991, no texto anterior a este – "Em busca da qualidade em alfabetização: em busca... de quê?", por meio de uma reflexão sobre os *caminhos e descaminhos*, historicamente trilhados, que têm dificultado o sucesso no ensino e aprendizagem da língua escrita.

Um olhar histórico sobre a alfabetização escolar no Brasil revela uma trajetória de sucessivas mudanças conceituais e, consequentemente, metodológicas. Atualmente, parece que de novo estamos enfrentando um desses momentos de mudança – é o que prenunciam os questionamentos a que vêm sendo submetidos os quadros conceituais e as práticas deles decorrentes que prevaleceram na área da alfabetização nas últimas três décadas: pesquisas que têm identificado problemas nos processos e resultados da alfabetização de crianças no contexto escolar, insatisfações e inseguranças entre alfabetizadores, perplexidade do poder público e da população diante da persistência do fracasso da escola em alfabetizar, evidenciada por avaliações nacionais e estaduais, vêm provocando críticas e motivando propostas de reexame das teorias e práticas atuais de alfabetização.

> "Atualmente" refere-se ao início dos anos 2000 (época em que este artigo foi publicado), mas o que então ocorria continua atual: vivemos ainda, passados mais de dez anos, os mesmos questionamentos apontados neste parágrafo que, note-se, acrescenta que são questionamentos que já vinham prevalecendo nas três décadas anteriores, ou seja, nos anos 1970, 1980, 1990.

Um momento como este é, sem dúvida, desafiador, porque estimula a revisão dos caminhos já trilhados e a busca de novos caminhos, mas é também ameaçador, porque pode conduzir a uma rejeição simplista dos caminhos trilhados e a propostas de solução que representem desvios para indesejáveis descaminhos. Este artigo pretende discutir esses caminhos e descaminhos, de que se falará mais explicitamente no tópico final; a esse tópico final se chegará por dois outros que o fundamentam e justificam: um primeiro que busca esclarecer e relacionar os conceitos de alfabetização e letramento, e um segundo que pretende encontrar, nas relações entre esses dois processos, explicações para os caminhos e descaminhos que vimos percorrendo, nas últimas décadas, na área da alfabetização.

ALFABETIZAÇÃO, LETRAMENTO: CONCEITOS

Letramento é palavra e conceito recentes, introduzidos na linguagem da educação e das ciências linguísticas há pouco mais de duas décadas. Seu surgimento pode ser interpretado como decorrência da necessidade de configurar e nomear comportamentos e práticas sociais na área da leitura e da escrita que ultrapassem o domínio do sistema alfabético e ortográfico, nível de aprendizagem da língua escrita perseguido, tradicionalmente, pelo processo de alfabetização. Esses comportamentos e práticas sociais de leitura e de escrita foram adquirindo visibilidade e importância à medida que a vida social e as atividades profissionais tornaram-se cada vez mais centradas na e dependentes da língua escrita, revelando a insuficiência de apenas alfabetizar – no sentido tradicional – a criança ou o adulto. Em um primeiro momento, essa visibilidade traduziu-se ou em uma adjetivação da palavra alfabetização – *alfabetização funcional* tornou-se expressão bastante difundida – ou em tentativas de ampliação do significado de alfabetização/alfabetizar por meio de afirmações como "alfabetização não é *apenas* aprender a ler e escrever", "alfabetizar é *muito mais que* apenas ensinar a codificar e decodificar", e outras semelhantes. A insuficiência desses recursos para criar objetivos e procedimentos de ensino e de aprendizagem que efetivamente ampliassem o significado de *alfabetização, alfabetizar, alfabetizado*, é que pode justificar o surgimento da palavra *letramento*, consequência da necessidade de destacar e claramente configurar, nomeando-os, comportamentos e práticas de uso do sistema de escrita, em situações sociais em que a leitura e/ou a escrita estejam envolvidas. Entretanto, provavelmente devido ao fato de o conceito de letramento ter sua origem em uma ampliação do conceito de alfabetização, esses dois processos têm sido frequentemente confundidos e até mesmo fundidos. Pode-se admitir que, no plano conceitual, talvez a distinção entre alfabetização e letramento não fosse

> A introdução de *letramento*, conceito e palavra, no vocabulário da área educacional ocorreu em meados dos anos 1980.

> Para um aprofundamento da distinção entre alfabetização e letramento, tal como aqui proposta, ver Soares, Magda. *Letramento: um tema em três gêneros*, Belo Horizonte: Autêntica, 1998. A distinção é também retomada em outros textos deste livro.

necessária, bastando que se ressignificasse o conceito de alfabetização (como sugeriu Emilia Ferreiro em entrevista concedida à revista *Nova Escola*, n. 162, maio 2003); no plano pedagógico, porém, a distinção torna-se conveniente, embora também seja imperativamente conveniente que, ainda que distintos, os dois processos sejam reconhecidos como indissociáveis e interdependentes.

Assim, por um lado, é necessário reconhecer que *alfabetização* – entendida como a aquisição do sistema convencional de escrita – distingue-se de *letramento* – entendido como o desenvolvimento de comportamentos e habilidades de uso competente da leitura e da escrita em práticas sociais: distinguem-se tanto em relação aos objetos de conhecimento quanto em relação aos processos cognitivos e linguísticos de aprendizagem e, portanto, também de ensino desses diferentes objetos. Tal fato explica por que é conveniente a distinção entre os dois processos. Por outro lado, também é necessário reconhecer que, embora distintos, alfabetização e letramento são interdependentes e indissociáveis: a alfabetização só tem sentido quando desenvolvida no contexto de práticas sociais de leitura e de escrita e por meio dessas práticas, ou seja, em um contexto de letramento e por meio de atividades de letramento; este, por sua vez, só pode desenvolver-se na dependência da e por meio da aprendizagem do sistema de escrita.

Distinção, mas indissociabilidade e interdependência: quais as consequências disso para a aprendizagem da língua escrita na escola?

APRENDIZAGEM DA LÍNGUA ESCRITA: ALFABETIZAÇÃO E/OU LETRAMENTO?

Uma análise das mudanças conceituais e metodológicas ocorridas ao longo da história do ensino da língua escrita no início da escolarização revela que, até os anos 1980, o objetivo maior era a alfabetização (tal como anteriormente definida), isto é, enfatizava-se fundamentalmente a aprendizagem do sistema convencional da escrita. Em torno desse objetivo principal, métodos de alfabetização alternaram-se em um movimento pendular: ora a opção pelo princípio da síntese, segundo o qual a alfabetização deve partir das unidades menores da língua – os fonemas, as sílabas – em direção às unidades maiores – a palavra, a frase, o texto (método fônico, método silábico); ora a opção pelo princípio da análise, segundo o qual a alfabetização deve, ao contrário, partir das unidades maiores e portadoras de sentido – a palavra, a frase, o texto – em direção às unidades menores (método da palavração, método da sentenciação, método global). Em ambas as opções, porém, a meta sempre foi a aprendizagem do sistema alfabético e ortográfico da escrita; embora se possa identificar, na segunda opção, uma preocupação também com o sentido veiculado pelo código, seja no nível do texto (método global), seja no nível da palavra ou da sentença (método da palavração, método da sentenciação), estes – textos, palavras, sentenças – são postos a serviço da aprendizagem do sistema de escrita: palavras são intencionalmente selecionadas para servir à sua decomposição em sílabas e fonemas, sentenças e textos são artificialmente construídos, com rígido controle léxico e morfossintático, para servir à sua decomposição em palavras, sílabas, fonemas.

Assim, pode-se dizer que até os anos 1980 a alfabetização escolar no Brasil caracterizou-se por uma alternância entre métodos sintéticos e métodos analíticos, mas sempre com o mesmo pressuposto – o de que a criança, para aprender o sistema de escrita, dependeria de estímulos externos cuidadosamente selecionados ou artificialmente construídos – e sempre com o mesmo objetivo – o domínio desse sistema, considerado condição e pré-requisito para que a criança desenvolvesse habilidades de uso da leitura e da escrita, isto é, primeiro, aprender a ler e a escrever, verbos nesta etapa considerados intransitivos, para só depois de vencida essa etapa atribuir complementos a esses verbos: ler textos, livros, escrever histórias, cartas etc.

> Sobre a dupla regência dos verbos ler e escrever e sua relação com a aprendizagem da língua escrita, ver: SOARES, Magda. Ler, verbo intransitivo. In: PAIVA, Aparecida et al. (orgs.). *Leituras literárias: discursos transitivos*. Belo Horizonte: Ceale/Autêntica, 2005.

Nos anos 1980, a perspectiva psicogenética da aprendizagem da língua escrita, divulgada entre nós sobretudo pela obra e pela atuação formativa de Emilia Ferreiro, sob a denominação de "construtivismo", trouxe uma significativa mudança de pressupostos e objetivos na área da alfabetização, porque alterou fundamentalmente a concepção do processo de aprendizagem e apagou a distinção entre aprendizagem do sistema de escrita e práticas efetivas de leitura e de escrita. Essa mudança paradigmática permitiu identificar e explicar o processo através do qual a criança constrói o conceito de língua escrita como um sistema de representação dos sons da fala por sinais gráficos, ou seja, o processo através do qual a criança torna-se alfabética; por outro lado, e como consequência disso, sugeriu as condições em que mais adequadamente se desenvolve esse processo, revelando o papel fundamental de uma interação intensa e diversificada da criança com práticas e materiais *reais* de leitura e escrita a fim de que ocorra o processo de conceitualização da língua escrita.

No entanto, o foco no processo de conceitualização da língua escrita pela criança e a ênfase na importância de sua interação com práticas de leitura e de escrita como meio para provocar e motivar esse processo têm subestimado, na prática escolar da aprendizagem inicial da língua escrita, o ensino sistemático das relações entre a fala e a escrita, de que se ocupa a alfabetização, tal como anteriormente definida. Como consequência de o construtivismo ter evidenciado processos espontâneos de compreensão da escrita pela criança, ter condenado os métodos que enfatizavam o ensino direto e explícito do sistema de escrita e, sendo fundamentalmente uma teoria psicológica, e não pedagógica, não ter proposto uma metodologia de ensino, os professores foram levados a supor que, apesar de sua natureza convencional e com frequência arbitrária, as relações entre a fala e a escrita seriam construídas pela criança de forma incidental e assistemática, como decorrência natural de sua interação com inúmeras e variadas práticas de leitura e de escrita, ou seja, através de atividades de letramento, prevalecendo, pois, estas sobre as atividades de alfabetização. É sobretudo essa ausência de ensino direto, explícito e sistemático da transferência da cadeia sonora da fala para a forma gráfica da escrita que tem motivado as críticas que vêm sendo feitas ao construtivismo. Além disso, é ela que explica por que vêm surgindo, surpreendentemente, propostas de retorno a um método fônico como solução para os problemas que estamos enfrentando na aprendizagem inicial da língua escrita pelas crianças.

Cabe salientar, porém, que não é retornando a um passado já superado e negando avanços teóricos incontestáveis que esses problemas serão esclarecidos e resolvidos. Por outro lado, ignorar ou recusar a crítica aos atuais pressupostos teóricos e a insuficiência das práticas que deles têm decorrido resultará certamente em mantê-los inalterados e persistentes. Em outras palavras: o momento é de procurar caminhos e recusar descaminhos.

CAMINHOS E DESCAMINHOS

A aprendizagem da língua escrita tem sido objeto de pesquisa e estudo de várias ciências nas últimas décadas, cada uma delas privilegiando uma das facetas dessa aprendizagem. Para citar as mais salientes: a faceta fônica, que envolve o desenvolvimento da consciência fonológica, impres-

> Sobre facetas da aprendizagem inicial da língua escrita e seus fundamentos, ver os dois primeiros textos deste livro. Ver também: Soares, Magda. *Alfabetização:* a questão dos métodos. São Paulo: Contexto, 2016.

cindível para que a criança tome consciência da fala como um sistema de sons e compreenda o sistema de escrita como um sistema de representação desses sons, e a aprendizagem das relações fonema-grafema e demais convenções de transferência da forma sonora da fala para a forma gráfica da escrita; a faceta da leitura fluente, que exige o reconhecimento holístico de palavras e sentenças; a faceta da leitura compreensiva, que supõe ampliação de vocabulário e desenvolvimento de habilidades como interpretação, avaliação, inferência, entre outras; a faceta da identificação e do uso adequado das diferentes funções da escrita, dos diferentes portadores de texto, dos diferentes tipos e gêneros de texto etc. Cada uma dessas facetas é fundamentada por teorias de aprendizagem, princípios fonéticos e fonológicos, princípios linguísticos, psicolinguísticos e sociolinguísticos, teorias da leitura, teorias da produção textual, teorias do texto e do discurso, entre outras. Consequentemente, cada uma dessas facetas exige metodologia de ensino específica, de acordo com sua natureza, algumas dessas metodologias caracterizadas por ensino direto e explícito, como é o caso da faceta para a qual se volta a alfabetização, outras caracterizadas por ensino muitas vezes incidental e indireto, porque dependente das possibilidades e motivações das crianças, bem como das circunstâncias e do contexto em que se realize a aprendizagem, como é caso das facetas que se caracterizam como de letramento.

A tendência, porém, tem sido privilegiar na aprendizagem inicial da língua escrita apenas uma de suas várias facetas e, por conseguinte, apenas uma metodologia: assim fazem os métodos hoje considerados como "tradicionais", que, como já foi dito, voltam-se predominantemente para a faceta fônica, isto é, para o ensino e a aprendizagem do sistema de escrita; por outro lado, assim também tem feito o chamado "construtivismo", que se volta predominantemente para as facetas referentes ao letramento, privilegiando o envolvimento da criança com a escrita em suas diferentes funções, seus diferentes portadores, com os muitos tipos e gêneros de texto. No entanto, os conhecimentos que atualmente esclarecem tanto os processos de aprendizagem quanto os objetos da aprendizagem da língua escrita, e as relações entre aqueles e estes, evidenciam que privilegiar uma ou algumas facetas, subestimando ou ignorando outras, é um equívoco, um descaminho no ensino e na aprendizagem da língua escrita, mesmo em sua etapa inicial. Talvez por isso temos sempre fracassado nesse ensino e aprendizagem; o caminho para esse ensino e aprendizagem é a articulação de conhecimentos e metodologias fundamentados em diferentes ciências e sua tradução em uma prática docente que integre as várias facetas, articulando a aquisição do sistema de escrita, que é favorecida por ensino direto, explícito e ordenado, aqui compreendido como sendo o processo de alfabetização, com o desenvolvimento de habilidades e comportamentos de uso competente da língua escrita nas práticas sociais de leitura e de escrita, aqui compreendido como sendo o processo de letramento.

O emprego dos verbos *integrar* e *articular* retoma a afirmação anterior de que os dois processos – alfabetização e letramento – são, no estado atual do conhecimento sobre a aprendizagem inicial da língua escrita, indissociáveis, simultâneos e interdependentes: a criança alfabetiza-se, constrói seu conhecimento do sistema alfabético e ortográfico da língua escrita, em situações de letramento, isto é, no contexto *de* e *por meio de* interação com material escrito *real*, e não artificialmente construído, e de sua participação em práticas sociais de leitura e de escrita; por outro lado, a criança desenvolve habilidades e comportamentos de uso competente da língua escrita nas práticas sociais que a envolvem no contexto *do, por meio do* e *em dependência do* processo de aquisição do sistema alfabético e ortográfico da escrita. Esse *alfabetizar letrando*, ou *letrar alfabetizando*, pela integração e pela articulação das várias facetas do processo de aprendizagem inicial da língua escrita, é, sem dúvida, o caminho para a superação dos problemas que vimos enfrentando nesta etapa da escolarização; descaminhos serão tentativas de voltar a privilegiar esta ou aquela faceta, como se fez no passado, como se faz hoje, sempre resultando em fracasso, esse reiterado fracasso da escola brasileira em dar às crianças acesso efetivo e competente ao mundo da escrita.

PARTE II
PRÁTICAS

Novas perspectivas do ensino da Língua Portuguesa: implicações para a alfabetização

Este texto foi publicado em 1991, integrando uma coletânea intitulada *A didática e a escola de 1º grau*, volume n. 11 da Série Ideias, publicação da Fundação para o Desenvolvimento da Educação – FDE, do Estado de São Paulo. Do título original do texto – *Novas perspectivas do ensino da língua portuguesa no 1º grau* – eliminou-se esse adjunto final, que faz referência a uma terminologia atualmente já não em vigor, e acrescentou-se a expressão "implicações para a alfabetização", a fim de explicitar, já no título, o foco que o texto põe na alfabetização, no quadro das novas perspectivas do ensino da língua. Assim, a partir de uma rápida e, por isso, inevitavelmente superficial contextualização social e histórica do ensino da língua, o texto restringe-se, em seguida, à reflexão sobre perspectivas para o ensino e a aprendizagem da língua escrita, ou seja, para a alfabetização e o letramento no nível fundamental. Embora o adjetivo "novas", presente no título, se referisse, à época em que o texto foi produzido, a perspectivas então assim consideradas (início dos anos 1990), essas perspectivas mantêm ainda hoje, mais de uma década depois, a condição que então tinham de "novidade", não só porque ainda não foram superadas por outras, mas também porque ainda nem mesmo se traduziram plenamente em ações no ensino e na aprendizagem da língua escrita. Este texto relaciona-se com o terceiro texto desta parte, "Alfabetização: em busca de um método?", ampliando e aprofundando, com análise de exemplos reais de atividades de sala de aula, considerações nele feitas sobre a questão de paradigmas e métodos no processo de alfabetização.

Uma discussão sobre o ensino da Língua Portuguesa no nível fundamental, atualmente, no Brasil, pode ser feita sob vários enfoques, já que esse ensino, talvez mais acentuadamente que o ensino de qualquer outro conteúdo, por sua natureza essencialmente social, é o resultado de múltiplos fatores, os quais o condicionam e determinam. Entretanto, dois enfoques são, sobretudo, relevantes.

> O advérbio "atualmente", neste parágrafo, refere-se, naturalmente, à época em que o texto foi produzido: início da última década do século passado; entretanto, a discussão a que ele se refere continua *atual*, pertinente e necessária, neste início de um novo século.

Em primeiro lugar, é fundamental analisar a questão do ensino da Língua Portuguesa a partir do relativamente recente fenômeno da conquista do direito à escolarização pelas camadas populares, de que resultaram a expansão quantitativa do Ensino Fundamental e, consequentemente, a necessidade de uma mudança qualitativa da escola. No caso específico do ensino da Língua Portuguesa, o acesso à escola das crianças pertencentes às camadas populares trouxe para as salas de aula a inusitada presença de padrões culturais e variantes linguísticas diferentes daqueles com que essa instituição estava habituada a conviver – os padrões culturais e a variante linguística das classes dominantes, às quais tradicionalmente vinha servindo. Criou-se, assim, uma distância entre o discurso da escola e o discurso dos novos alunos que conquistaram o direito de ser, também, por ela servidos. Assim, uma discussão acerca do ensino da Língua Portuguesa no nível fundamental, no Brasil, hoje, não pode prescindir de uma reflexão sobre o conflito cultural e linguístico criado devido à diferença existente entre a cultura e a linguagem das camadas populares e a cultura e a linguagem que são instrumento e objetivos da escola – a cultura e a linguagem das classes dominantes.

> Uma reflexão sobre este primeiro possível enfoque de análise do ensino da língua portuguesa, que não é discutido neste texto, pois este prioriza, como dito adiante, o segundo enfoque, pode ser encontrada, nesta coletânea, no texto "Alfabetização: a (des)aprendizagem das funções da escrita".

Um segundo enfoque fundamental, numa discussão sobre o ensino da Língua Portuguesa, é a análise das determinantes teóricas da prática pedagógica desse ensino; atualmente, sobretudo, não se pode deixar de analisar o ensino da língua do ponto de vista das novas perspectivas teóricas que vêm submetendo esse ensino a críticas, bem como lhe propondo novos paradigmas didáticos: estamos vivendo um momento de radical mudança de quadros teóricos nos estudos e pesquisas sobre a aprendizagem e o ensino da língua materna, mudança que se vem refletindo na prática do ensino da Língua Portuguesa, particularmente no nível fundamental.

Esses dois enfoques fundamentais na análise do ensino da Língua Portuguesa não são, é claro, excludentes: são facetas que devem articular-se e completar-se. Neste texto, porém, opto por priorizar o segundo enfoque, e tentarei apontar e discutir algumas das novas perspectivas que vêm sendo propostas para o ensino da Língua Portuguesa no nível fundamental.

> Como é aqui anunciado, retoma-se, neste texto, a discussão sobre as "novas perspectivas teóricas" e os "novos paradigmas didáticos", que foi objeto do texto apresentado adiante, "Alfabetização: em busca de um método?". Embora os adjetivos "novas"/"novos" tenham aqui sua referência na época em que este texto foi produzido – início dos anos 1990 – continuam pertinentes para a época atual, já que as "perspectivas teóricas" e os "paradigmas didáticos" que qualificam ainda mantêm o caráter de "novidade".

Para compreender o adjetivo "novas" com que estou qualificando as atuais perspectivas do ensino da Língua Portuguesa no nível fundamental, é preciso contrapor essas perspectivas atuais às "velhas": se se mencionam "novas" perspectivas, mencionam-se, implicitamente, perspectivas anteriores que terão sido substituídas. Ou seja, discutir "novas" perspectivas do ensino da Língua Portuguesa no nível fundamental impõe uma recuperação das sucessivas perspectivas que, historicamente, vêm informando o ensino da Língua Portuguesa.

De forma sucinta e bastante superficial, pode-se dizer que, até os anos 1960, predominava, no ensino da língua materna, a perspectiva gramatical: ensinar a Língua Portuguesa na escola era, fundamentalmente, ensinar *a respeito* da língua, ensinar a gramática da língua. Essa perspectiva perpetuava uma longa tradição: até meados do século XVIII, no

> Uma análise mais extensa da história do ensino da Língua Portuguesa no Brasil pode ser encontrada em: SOARES, Magda. Português na escola: história de uma disciplina escolar. In: BAGNO, Marcos (org.) *Linguística da norma*. São Paulo: Loyola, 2002, pp. 155-77.

sistema de ensino do Brasil (como no de Portugal), o ensino do português restringia-se à alfabetização, após a qual os alunos passavam diretamente à aprendizagem do latim, ou melhor, da gramática da língua latina. Quando a Reforma Pombalina (1759) tornou obrigatório, em Portugal e no Brasil, o ensino da Língua Portuguesa, esse ensino seguiu a tradição do ensino do latim, isto é, definiu-se e realizou-se como ensino da gramática do português (Cunha, 1985).

Esse ensino da língua quase exclusivamente restrito ao ensino da gramática não parecia inadequado em uma escola que existia predominantemente para a burguesia: esta, já falante do dialeto de prestígio social (a chamada "norma padrão culta"), esperava do processo de escolarização, além da alfabetização, apenas o conhecimento (ou mesmo o *reconhecimento*) das normas e regras de funcionamento desse dialeto de prestígio.

Entretanto, nos anos 1960, como consequência da reivindicação e da conquista, pelas camadas populares, de seu direito à escolarização – reivindicação e conquista que, embora iniciadas já nas décadas anteriores, se intensificaram a partir dos anos 1960 – altera-se fundamentalmente a clientela da escola, sobretudo da escola pública: já não são os filhos da burguesia que a demandam, mas crianças pertencentes às camadas populares.

É significativo que essa mudança na clientela escolar não apareça explicitamente apontada como justificativa para a mudança da legislação dos ensinos fundamental e médio, promovida nos anos finais da década de 1960 e promulgada no início dos anos 1970 – Lei n. 5.692/71 (a questão da nova clientela da escola pública, já então predominantemente constituída de crianças das camadas populares, não é sequer mencionada no texto que fundamenta a Lei). O reconhecimento, porém, de que a escola passara a atender a uma nova clientela está nitidamente subjacente à nova Lei e aos conteúdos curriculares fixados com base nela; sobretudo, neles está subjacente a proposta de oferecer a essa nova clientela um ensino que a instrumentalizasse para o desempenho do papel a ela atribuído no contexto da sociedade brasileira dessa época: uma sociedade que, sob um

> Na época em que este texto foi produzido (1991), ainda vigorava a Lei n. 5.692/71, que só em 1996 foi substituída pela lei atualmente em vigor (Lei n. 9.394/96).

regime autoritário, buscava o desenvolvimento do capitalismo, por meio da expansão industrial. É por isso – e este é apenas um exemplo, entre outros – que a Lei introduziu a qualificação para o trabalho, como objetivo do ensino então denominado de 1º e 2º graus: é atribuída ao sistema de ensino a função de fornecer recursos humanos para o desenvolvimento industrial. Coerentemente, os conteúdos curriculares e seus objetivos ganham um sentido fundamentalmente instrumental. Assim, a disciplina que até então se chamava Português, ou Língua Portuguesa, passa a denominar-se, no 1º grau, *Comunicação e Expressão* (quatro primeiras séries) e *Comunicação em Língua Portuguesa* (quatro últimas séries). A Lei estabelece que à língua nacional se deveria dar especial relevo, como *instrumento de comunicação* e como *expressão da cultura brasileira* (grifo meu).

Como consequência, outra perspectiva se impõe, para o ensino da língua materna: a gramática perde sua proeminência, e o quadro referencial passa a ser a *teoria da comunicação*. Os objetivos são, agora, pragmáticos e utilitários: trata-se de desenvolver e aperfeiçoar os comportamentos do aluno como *emissor-codificador* e como *recebedor-decodificador* de mensagens, por intermédio da utilização e compreensão de códigos diversos – verbais e não verbais. Ou seja, já não se trata mais de levar ao conhecimento do sistema linguístico – ao *saber a respeito da língua* –, mas ao desenvolvimento das habilidades de expressão e compreensão de mensagens – ao *uso da língua*. Para atingir esses objetivos, uma Psicologia Associacionista fundamentava o ensino e orientava sua operacionalização em uma pedagogia tecnicista: o ensino da Língua Portuguesa era feito mediante "técnicas" de redação, exercícios estruturais, treinamento de habilidades de leitura.

Essa perspectiva instrumental do ensino da Língua Portuguesa, que perdurou durante a década de 1970 e os primeiros anos da década de 1980, vem sendo questionada, nos últimos cinco ou seis anos, por novas concepções da aprendizagem da língua materna, tra-

> Considerando o ano em que este texto foi produzido (1991), a expressão "últimos cinco ou seis anos" refere-se à segunda metade dos anos 1980, época em que a Psicologia Genética e as ciências linguísticas começaram a exercer influência sobre o ensino da língua. Sobre o sentido do adjetivo "novas", veja a observação anterior, ao lado do quarto parágrafo deste texto.

zidas, sobretudo, pela Psicologia Genética e pelas ciências linguísticas, particularmente pela Psicolinguística e a Análise do Discurso. São essas novas concepções que estão introduzindo perspectivas também novas no ensino da Língua Portuguesa no nível fundamental, sobretudo no ensino da língua escrita.

A Psicologia Associacionista, quadro teórico da perspectiva instrumental do ensino da Língua Portuguesa, passou a ser questionada, nos anos 1980, pela vertente psicogenética da Psicologia, e por uma Psicolinguística que tem essa vertente como seu quadro referencial. Essa nova concepção do processo de aquisição e de desenvolvimento da língua materna altera radicalmente a concepção do ensino da língua: o aluno, que, na perspectiva associacionista, seria um sujeito dependente de estímulos externos para produzir respostas que, reforçadas, conduziriam à aquisição de habilidades e conhecimentos linguísticos, passa a sujeito ativo que constrói suas habilidades e seu conhecimento da linguagem oral e escrita em interação com os outros e com a própria língua, como objeto do conhecimento.

Um claro exemplo da influência dessa nova concepção no ensino da língua é a radical mudança de paradigma metodológico na prática escolar da alfabetização. Na perspectiva associacionista, estabelecem-se "pré-requisitos" para a aprendizagem da escrita e uma ordem hierárquica de conhecimentos e habilidades, na aquisição do sistema ortográfico; a perspectiva psicogenética rejeita pré-requisitos e hierarquização de conhecimentos e habilidades, afirmando que a aprendizagem é dada por uma progressiva construção de estruturas cognitivas, na relação da criança com o objeto "língua escrita". As "dificuldades" do aluno, no processo de aprendizagem da língua escrita, consideradas, na perspectiva associacionista, ou "deficiências", ou "disfunções" da própria criança, ou ineficácia do método de alfabetização (tais como: desconsideração de pré-requisitos, hierarquização inadequada das habilidades e conhecimentos a serem adquiridos, falha na previsão de atividades de treinamento e memorização) passam, na perspectiva psicogenética, a ser vistas como "erros construtivos", resultado de constantes reestruturações, no processo de construção do conhecimento da língua escrita. Assim, os "erros" do alfabetizando na "composição" reproduzida a seguir seriam interpretados e avaliados de forma inteiramente diferente numa e noutra perspectiva.

Numa perspectiva associacionista, são muitos os "erros" cometidos pelo alfabetizando, e muito "treinamento" lhe seria imposto para que aprendesse a grafia correta de palavras como *chuvoso, pensou, quando, disse, soltar, longe, de repente, agarrou, cambalhota, desceu, ribeirão, feliz* etc.

Numa perspectiva psicogenética, os "erros" cometidos pelo alfabetizando são indicadores do processo através do qual ele está descobrindo e construindo as correspondências entre o sistema fonológico e o ortográfico. Por exemplo:

- O texto evidencia que o aluno sistematicamente "erra" na marca da nasalidade ("p<u>e</u>sou", por *p<u>en</u>sou*, "qua<u>d</u>o", por *qua<u>nd</u>o*, "l<u>o</u>je", por *l<u>on</u>ge*, "derep<u>ei</u>te", por *de rep<u>en</u>te*, "c<u>a</u>balhota", por *c<u>am</u>balhota*), o que mostra, na verdade, que ele já construiu o sistema de vogais orais e nasais, e que, tendo também construído o conceito de que a escrita é alfabética, supõe que a cada fonema (no caso, a cada vogal, oral ou nasal) corresponde um grafema: nesse momento, seria, ao contrário, o uso das letras que marcam a nasalidade (n, m) que provavelmente se configuraria, para a criança, como um "erro" – o uso de uma letra que não corresponde a um fonema.

Redação 1

O barquinho

Era um dia churvozo... Churvozo...
Marcelo pesou á vou fazer um barquin.
E ele pegou uma folha e começou a fazer.
Quado marcelo tinha acabado de fazer o barquinho ele tise a vou soutar o barquinh
Ele soutou o barquinho.
O barquinho ja vai loje.
De repeite o baquinho garro nugalho.
De arvore marcelo corre e sotou o barquinh
O baquinho deu uma caballrota e.
Deceu no rriveram abaixo marcelo falou:
Que barquinho legam marcelo foi para
Casa muito feliz:

- Com relação à grafia do fonema [s] intervocálico, o texto evidencia que o aluno enfrenta um conflito cognitivo – diferentes grafemas representam o mesmo fone, e o aluno vacila entre esses grafemas: grafa com correção *Marcelo* e *começou*, mas incorretamente *disse* ("tise"), *desceu* ("deceo").
- Quanto à grafia de "pesou" por *pensou*, a grafia certa – o uso da letra s[1] – torna-se um erro, se a observarmos sob o ponto de vista da construção do conhecimento pelo aluno: se ele ainda rejeita o uso de uma letra – a consoante n – para apenas nasalizar a vogal, consideraria, se já tivesse superado o conflito cognitivo que enfrenta com relação à grafia do fone [s], esse fone como intervocálico e, por isso, usaria a grafia ss (ou ç).
- Também com relação à grafia do fone [z], o aluno enfrenta um conflito cognitivo: grafa-o corretamente nas palavras *fazer* e *casa*, mas incorretamente em *chuvoso* e *feliz* ("chuvozo", "felis").

Se, no ensino da Língua Portuguesa no nível fundamental, a perspectiva construtivista trazida pela Psicogênese e por uma Psicolinguística nela referenciada já vem exercendo nítida influência na prática pedagógica da alfabetização, quando entendida como aprendizagem do aspecto convencional-gráfico da escrita e do aspecto simbólico da notação gráfica – influência que se deve, sobretudo, à contribuição de Ferreiro e Teberosky (1985) –, o mesmo não se pode dizer da prática pedagógica do desenvolvimento das habilidades de *uso* da língua escrita e de *produção de textos* pela criança. Além de construir seu conhecimento e domínio do sistema ortográfico, o aprendiz da língua escrita também deve construir o conhecimento e o uso da escrita como *discurso*, isto é, como atividade real de enunciação, necessária e adequada a certas situações de interação, e concretizada em uma unidade estruturada – o texto – que obedece a regras discursivas próprias (recursos de coesão, coerência, informatividade, entre outros).

> Este "uso da língua como discurso" é, em síntese, o que se vem denominando *letramento*; o que se propõe aqui é que, contemporaneamente à aprendizagem dos sistemas alfabético e ortográfico, a criança desenvolva também habilidades de uso desses sistemas em práticas sociais de escrita.

A "composição" anteriormente analisada do ponto de vista da construção do sistema ortográfico pode ela mesma servir de exemplo dos problemas que a criança enfrenta, em sua tentativa de usar a escrita como discurso.

Os professores familiarizados com o pré-livro *O barquinho amarelo* (Silva, 1986) certamente reconheceram no texto do aluno a marca da história de Marcelo e seu barquinho, a primeira do pré-livro. Essa "marca" permite identificar as condições em que o aluno é levado a produzir textos, na situação escolar: em geral, ele deve escrever repetindo a história que leu, usando as palavras que já aprendeu a escrever (as palavras "treinadas"), dirigindo-se a um interlocutor que também leu o que ele leu, que, portanto, já conhece a história, e cujo único interesse é verificar se ele é capaz de escrever com correção. A escrita que, fora das paredes da escola, serve para a interação social, e é usada em situações de enunciação (escrevem-se cartas, bilhetes, registram-se informações, fazem-se anotações para apoio à memória, leem-se livros, jornais, revistas, panfletos, anúncios, indicações de trânsito, nomes de ruas, de ônibus etc.), dentro das paredes da escola assume um caráter falso, artificial, descontextualiza-se: fazem-se "redações" ou "composições" com uma função puramente escolar (Soares, 1988).

> *O barquinho amarelo* é o *pré-livro* de uma coleção didática para as séries iniciais do ensino fundamental, coleção que teve ampla aceitação nas escolas de vários estados brasileiros na primeira metade dos anos 1980 (observe-se que é citada, nas referências bibliográficas, a 21ª edição, em 1986); associando o método global de alfabetização a *exercícios estruturais*, em grande voga na época, foi um material didático que, apesar das observações críticas que a seguir são feitas, merece ser incluído, considerando-se os manuais congêneres que circulavam naquele momento, entre os de qualidade superior. (*Pré-livro* foi a denominação usada, no quadro do método global de alfabetização, para designar o manual didático de iniciação ao processo de aprendizagem da língua escrita, evitando-se, assim, a denominação *cartilha*, utilizada para manuais que propunham métodos sintéticos de alfabetização, dos quais os *pré-livros* se diferenciavam fundamentalmente.)

> A referência (Soares, 1988) indica o texto incluído nesta coletânea: "Alfabetização: a (des)aprendizagem das funções da escrita".

Certamente por causa desse caráter escolar das atividades de "redação", de "composição", no ensino da língua escrita, o aluno antes desaprende que aprende as regras discursivas de produção de textos. É o que se observa na composição anteriormente apresentada.

O texto do aluno é dependente do texto do pré-livro, dependência essa criada pelas condições escolares de produção que lhe são dadas: devendo prender-se a um outro e alheio texto, ele deixa implícitas, em sua "composição", informações que estão no texto ou nos desenhos do pré-livro. Assim, o aluno escreve que, para fazer o barquinho, Marcelo pega "uma folha" – a informação de que se trata de uma folha *de papel*, que o barquinho é *de papel* está no pré-livro, não na "composição". Da mesma forma, o aluno escreve que Marcelo "soltou o barquinho" e logo o barquinho "já vai longe": soltou onde? Na enxurrada, já que "era um dia chuvoso"? No ribeirão, que só aparece no fim da composição? E para onde vai o barquinho?

Percebe-se claramente que, ao escrever, o aluno tem como referência o texto e os desenhos do pré-livro, e, assim, não conta "sua" história, mas constrói um intertexto, em que se mesclam algumas poucas ideias próprias (o dia chuvoso, a cambalhota do barquinho, circunstância e incidente que não estão na história do pré-livro) e as ideias e os desenhos do pré-livro. Aliás, neste, como acontece com frequência em cartilhas e pré-livros, texto e desenho mantêm uma estreita vinculação, de modo que, para entender o primeiro, é necessário observar o segundo: é o desenho que, no pré-livro, informa onde Marcelo solta o barquinho ("Marcelo solta o barquinho na água". Que água? A informação é dada pelo desenho). É ainda o desenho que informa por que "o barquinho balança no galho" (é ele que mostra que o barquinho ficou preso em um galho). Conclui-se que o aluno fere, em sua composição, regras discursivas de informatividade e coerência não só porque deixa "implicadas" informações que estão no texto que dá origem ao seu, informações que sabe que seu interlocutor, o professor, saberá recuperar, já que ele conhece o texto de origem, mas também porque ao próprio texto que tem como "modelo" faltam informatividade e coerência, se tomado independentemente do desenho.

Essa análise permite levantar a hipótese de que as fragilidades discursivas dos textos produzidos por alunos em fase de alfabetização decorrem, em grande parte, dos "modelos" de texto com que convivem, nos anos iniciais de escolarização. Não é difícil supor o conceito de textualidade que os alunos construirão, convivendo com "textos" como os seguintes (todos de livros de iniciação à leitura e à escrita de ampla circulação):[2]

> O PAPAI E A MAMÃE
> Este é o papai.
> Esta é a mamãe.
> O nome dele é Senhor Pedro.
> O dela é Dona Cecília.
>
> O VOVÔ E A VOVÓ
> Veja o vovô.
> Veja a vovó.
> O nome dele é Senhor Hugo.
> O dela é Dona Helena.

Evidentemente, os textos se associam à ilustração: desenho de vovô e vovó, a que se refere o imperativo "veja" (aliás, desenho estereotipado – ambos de cabelos brancos, vovô lê jornal e vovó faz tricô em um banco da praça...); desenho de papai e mamãe a que se referem os dêiticos "este", "esta" (também estereotipado – papai lê comodamente sentado na poltrona e mamãe lhe serve, solícita, um cafezinho...). Além disso, os "textos" não são mais que uma lista de orações justapostas, sem elementos de coesão que estabelecessem a continuidade do discurso. (Compare-se, por exemplo, com: Estes são o papai e a mamãe. O nome dele é Paulo e o dela, Cecília.)

Frequentemente, não se encontram unidade temática nem coerência nos textos; vejam-se outros exemplos extraídos de livros de iniciação à leitura:

Nos últimos anos, embora as *cartilhas* já venham sendo substituídas por *livros de alfabetização*, que se pretendem diferentes daquelas e coerentes com princípios psicogenéticos e linguísticos, textos com características semelhantes aos aqui exemplificados ainda estão presentes em muitos deles. Além disso, é preciso reconhecer que as cartilhas estão apenas *aparentemente* afastadas das salas de alfabetização – pesquisas têm mostrado que elas continuam desempenhando um papel importante como recurso e apoio didático para alfabetizadoras inseguras na utilização dos chamados livros de alfabetização e insatisfeitas com os resultados com eles obtidos. Ver, por exemplo, a tese de doutorado de Ceris Salete Ribas da Silva, *As repercussões dos novos livros didáticos de alfabetização na prática docente*, Programa de Pós-Graduação em Educação da Faculdade de Educação da UFMG, 2003.

> Que bonita é a sacola de Dalila!
> Ela dá um mimo a Olavo?
> Ela dá um mimo a Moema?
> Que ideia a de Dalila!
> Olavo viu o mimo?

> Hércules é um homem forte.
> O herói levanta a barra de ferro.
> Hoje Hércules vai levar Helena ao circo.
> Helena é uma noiva habilidosa.

No primeiro exemplo, qual é a relação da quarta oração ("Que ideia a de Dalila!") com as orações anteriores? E da última oração com as que a precedem? E que sentido têm as perguntas "Ela dá um mimo a Olavo? Ela dá um mimo a Moema?" (sem mesmo discutir o uso da palavra "mimo"...).

No segundo exemplo, cabe ao leitor decidir se o "herói" mencionado na segunda oração é Hércules ou um artista do circo. E o que tem a ver a força de Hércules com a ida ao circo? E que sentido tem a informação de que Helena é "uma noiva habilidosa", ao final do "texto"? Não há unidade temática, não há coerência, não há coesão.

É natural que, ao escrever, os alunos tendam a obedecer a esses "modelos"; a isso os levam as próprias condições de produção de texto na escola: é comum pedir-lhes que escrevam a partir de um desenho e que usem as "palavras treinadas". A consequência é que, em geral, todas as "composições" da turma sejam extremamente semelhantes, e, como os "textos" dos livros de iniciação à leitura, não passem de uma lista de orações sem unidade temática, sem coerência, sem coesão. A composição seguinte é um exemplo – trata-se de composição a partir de um desenho que mostra uma menina oferecendo um prato de alimento a um gato:

Redação 2

Tal como nos textos com que convive nos livros escolares, o aluno vincula seu texto à ilustração – "Veja o gato!" – e formula uma lista de sentenças independentes, declarativas, sempre no presente do indicativo, sem o uso de continuadores discursivos, sem coerência.

A mesma lista de sentenças sem sequência lógica, com mera justaposição de declarações autônomas, é encontrada neste outro exemplo, representativo das "composições" escolares:

Redação 3

Entretanto, em situações de produção espontânea, alunos, mesmo ainda na fase de alfabetização, escrevem verdadeiros textos – textos com alto grau de informatividade e unidade temática –, utilizam-se de elementos de coesão que dão coerência e continuidade à narração, como nos dois exemplos seguintes:

Redação 4

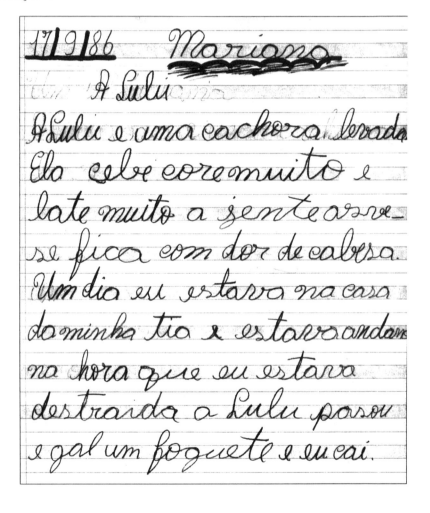

Redação 5

> Março 18 1918
>
> O boi
>
> Um dia eu viajei pra uma fazenda lá tinha um boi eu estava com um chorte vermelho. eu fiquei com medo. a minha blosa não era vermelho e tampei a minha calsa com a blosa e a ea minha mãi ruu.

Os textos são originais, no sentido de que a criança narra uma história real, vivida por ela, não apenas repete a história lida no livro didático ou imposta por um desenho; e foge da "lista de sentenças": seu texto tem unidade temática, continuidade, organiza-se com coerência, mediante recursos de coesão. No texto "A Lulu", a criança usa marcadores de relações temporais, em geral evitados nos textos escolares: *Um dia... na hora que...* No texto "O boi", a criança usa também recurso de coesão, embora próprio da linguagem oral – encadeamento através da conjunção *e* (*... fiquei com medo e a minha blosa... e tampei... e a minha mãe...*): não convivendo, nos textos escritos dos livros escolares, com os elementos de coesão próprios da linguagem escrita, a criança não pode aprender a usá-los; vê-se, porém, que ela sente a necessidade de continuadores discursivos, e lança mão daqueles que usa habitualmente na linguagem oral. Observe-se ainda que, nos dois textos, os alunos, livres de usar apenas as "palavras treinadas", enfrentam seus problemas ortográficos construindo soluções que evidenciam as "descobertas" já feitas.

A conclusão é que a criança, que domina perfeitamente as regras discursivas na linguagem oral – conta "casos" encadeando orações com unidade temática, coerência, coesão –, ao chegar à escola passa a conviver com uma linguagem escrita com baixo grau de textualidade: listas artificiais de sentenças, em geral vinculadas a desenho, com falta de unidade temática, de coerência, ausência de marcadores de relações, repetição desnecessária do sujeito... um texto artificial, didaticamente forjado a partir da falsa pressuposição "de que o texto para principiantes, para adequar-se a seu nível linguístico, deve 'empobrecer-se', reduzir-se ao essencial" (Votre, 1987). A criança vai, assim, por um lado, formando um conceito falso de texto escrito, e, por outro, utilizando, quando tem liberdade para isso, regras discursivas próprias da linguagem oral, já que, na escola, não lhe é dado conhecer as regras discursivas do texto escrito.

Concluindo: como já foi dito anteriormente, a Psicologia Genética e a Psicolinguística já vêm exercendo saudável influência na alfabetização, enquanto aprendizagem do aspecto convencional-gráfico da escrita e do aspecto simbólico da notação gráfica; é necessário, porém, que se avance para além dessa etapa inicial de acesso à língua escrita, alterando-se as condições de leitura e produção de texto na escola, de modo que a criança conviva com as regras discursivas do texto escrito e possa, assim, construir seu conhecimento e fazer uso delas.

NOTAS

[1] De acordo com as normas do sistema ortográfico, o fone [s] é representado pela letra s̲, diante de vogal e precedido por consoante, ainda que esta, como em *pensou*, não corresponda a um fonema.

[2] Os textos são de livros de iniciação à leitura escolhidos aleatoriamente; não são identificados a fim de não os penalizar injustamente: os "textos" não são excepcionais, são exemplificativos de características amplamente presentes em livros dessa natureza.

REFERÊNCIAS BIBLIOGRÁFICAS

CUNHA, Celso. Um pouco de história. In: CUNHA, Celso. *A questão da norma culta brasileira*. Rio de Janeiro: Tempo Brasileiro, 1985, pp. 69-76.

FERREIRO, Emilia; TEBEROSKY, Ana. *Psicogênese da língua escrita*. Trad. D. M. Lichtenstein, L. Di Marco e M. Corso. Porto Alegre: Artes Médicas, 1985.

SILVA, Ieda Dias da. *O barquinho amarelo*. 21 ed. Belo Horizonte: Vigília, 1986.

SOARES, Magda B. "Alfabetização: a (des)aprendizagem das funções da escrita". *Educação em Revista*. Belo Horizonte, n. 8, dez. 1988, pp. 3-11. (Incluído nesta coletânea.)

VOTRE, Sebastião J. Discurso e sintaxe nos textos de iniciação à leitura. In: KIRST, Marta et al. *Linguística aplicada ao ensino de português*. Porto Alegre: Mercado Aberto, 1987, pp. 111-26.

Alfabetização:
a (des)aprendizagem
das funções da escrita

Este texto foi publicado em *Educação em Revista*, periódico da Faculdade de Educação da UFMG, em seu número 8, de dezembro de 1988. Nessa época, ao mesmo tempo em que psicólogos e pedagogos introduziam no campo educacional as propostas construtivistas, os linguistas começavam, eles também, a se voltar para a questão da alfabetização, com foco tanto nos processos de construção, pela criança, dos sistemas alfabético e ortográfico, isto é, nos processos de transferência da cadeia sonora da fala para a forma gráfica da escrita, quanto nos processos de construção das habilidades textuais na fase da alfabetização. Uma grande contribuição dos linguistas foi, e tem sido, a consideração de um fator fundamental para a análise do processo de alfabetização: as características dialetais que tornam esse processo peculiar em crianças pertencentes a camadas sociais diferentes. Este artigo pretendeu, à época, discutir uma faceta desses processos diferenciados que, naquele momento, era (e ainda é) pouco explorada: o estudo e a pesquisa do desenvolvimento de habilidades textuais sob a perspectiva das "funções" atribuídas ao uso da língua por crianças de diferentes camadas sociais.

Já na década de 1960, Rodrigues (1966), ao apontar as "tarefas da Linguística no Brasil", incluía entre elas estudos e pesquisas sobre alfabetização; entretanto, é bastante recente o interesse dos linguistas por esse tema. Esse recente interesse explica-se pelo desafio que vem representando o reiterado fracasso da escola brasileira em alfabetizar, ao qual se soma o reconhecimento de que a aprendizagem da língua escrita é, fundamentalmente, a aquisição de um conhecimento linguístico, não podendo, por isso, restringirem-se aos campos da Pedagogia e da Psicologia, como vinha ocorrendo, pesquisas e reflexões sobre essa aprendizagem e os problemas que vem suscitando.

São, sobretudo, de natureza sociolinguística os estudos linguísticos que se vêm desenvolvendo sobre a alfabetização. É que, estando o fracasso escolar em alfabetização maciçamente concentrado nas crianças pertencentes às camadas populares, não há como negar que esse fracasso se deve, fundamentalmente, aos problemas decorrentes da distância entre a variedade escrita do dialeto padrão e os dialetos não padrão de que são falantes essas crianças. Assim, tanto no Brasil quanto em outros países, os estudos linguísticos sobre a alfabetização, partindo do pressuposto de que há relação entre língua e estratificação social, vêm tentando descrever os dialetos de comunidades de fala, correlacionando-os com variáveis sociais, particularmente com a variável *nível socioeconômico*, e contrastando-os com a língua escrita, para encontrar, nesse contraste, explicações das dificuldades que falantes pertencentes a determinados grupos sociais enfrentam, no processo de aquisição da língua escrita. Em outras palavras: os estudos linguísticos sobre a alfabetização vêm tentando esclarecer, sobretudo, a questão do

---

Com o adjetivo *recente*, o texto refere-se aos anos 80 do século XX; a data do artigo de Aryon Rodrigues aqui citado, publicado quase duas décadas antes, evidencia o pioneirismo desse linguista que, já nos primórdios da Linguística no mundo acadêmico brasileiro, indicava com clareza a necessidade de uma Linguística Aplicada que deveria ter, entre outras, a tarefa de construir conhecimentos sobre o processo de alfabetização.

Convém lembrar que a afirmação de um "reiterado fracasso da escola brasileira em alfabetizar", feita nos anos 80 do século passado, lamentavelmente continua verdadeira, já decorridas quase três décadas.

ensino da modalidade escrita do dialeto padrão a falantes de dialetos não padrão – são estudos sociolinguísticos.

Esses estudos têm sido predominantemente *estruturais*, isto é, têm-se voltado sobretudo para a descrição das gramáticas de dialetos não padrão e seu confronto com a gramática da língua escrita, ou seja: são estudos que buscam identificar as diferenças *estruturais* entre as gramáticas da fala e a da escrita – diferenças morfológicas, sintáticas e, sobretudo, as diferenças entre o sistema fonológico e o sistema ortográfico.[1] São exemplos de estudos sobre a aquisição da língua escrita na perspectiva estrutural os trabalhos de Labov (1972), Stubbs (1980), Bryant e Bradley (1985), e, no Brasil, os de Kato (1978), Souza (1978), Silva (1981), Lemle (1982, 1983, 1987).

> Na década seguinte à em que este texto foi publicado, multiplicaram-se os estudos sobre a aquisição da língua escrita na perspectiva estrutural; pode-se citar, entre muitos outros: Luiz Carlos Cagliari, *Alfabetização e Linguística* (Scipione, 1989) e *Alfabetizando sem o bá-bé-bi-bó-bu* (Scipione, 1998); Carlos Alberto Faraco, *Escrita e alfabetização* (Contexto, 1992); Maria Bernadete Marques Abaurre et al., *Cenas de aquisição da escrita* (Mercado de Letras, 1997); Artur Gomes de Morais, *Ortografia: ensinar e aprender* (Ática, 1998) e, como organizador de coletânea, *O aprendizado da ortografia* (Autêntica, 1999).

Estudos e pesquisas sobre a alfabetização numa perspectiva *funcional* têm sido menos frequentes, começam apenas a despontar na literatura tanto nacional quanto internacional; entretanto, os aspectos *funcionais* da aprendizagem da língua escrita são tão relevantes quanto os aspectos estruturais.

Pode-se entender de duas maneiras uma perspectiva *funcional* da alfabetização, dependendo da interpretação que se dê à expressão "função da língua escrita".

Em primeiro lugar, pode-se dar à palavra *função* o sentido de *uso, papel*, e então a expressão "função da língua escrita" designaria os usos da escrita em determinada estrutura social, isto é, a *função social da escrita*. Sob essa perspectiva, os estudos se voltam para as características do uso da escrita em determinada sociedade, seus determinantes e suas consequências, o papel que a escrita desempenha na sociedade.[2] Estudos funcionais dessa natureza vêm sendo desenvolvidos, sobretudo, por grupos interdisciplinares que associam Antropologia, Linguística, Psicologia, e que têm desenvolvido pesquisas sobre as consequências sociais e psicológicas da introdução da escrita em culturas ágrafas, as práticas sociais da escrita em diferentes sociedades ou em diferentes grupos de uma mesma sociedade, o valor atribuído à escrita em diferentes culturas ou diferentes grupos de uma mesma cultura. No Brasil, estudos dessa natureza são ainda quase inexistentes; na literatura internacional, embora recentes, são já numerosos: omitindo artigos de periódicos, e limitando as referências a livros, podem-se citar Oxenham (1980), Goody (1968, 1977, 1987), Scribner e Cole (1981), Ong (1982), Heath (1983), Street (1984).

> Após a publicação deste texto, multiplicaram-se os estudos e as pesquisas, na literatura internacional e também na nacional, sobre as relações entre escrita e sociedade, escrita e cultura; a esse respeito, ver, na terceira parte deste livro, o texto "Língua escrita, sociedade e cultura: relações, dimensões e perspectivas".

Também Labov, embora tenha privilegiado, em seus estudos, uma abordagem *estrutural* da alfabetização, voltou-se, em alguns momentos, para a questão da função social da escrita na subcultura de negros norte-americanos; exemplo disso é sua pesquisa sobre a relação entre o fracasso em leitura, na escola, e a posição do aluno no grupo de pares (*The Relation of Reading Failure to Peer-Group Status*), apresentada em seu livro já anteriormente citado (Labov, 1972), pesquisa que aponta o pouco valor atribuído ao domínio da língua escrita nesse grupo e, por isso, o fracasso em leitura de crianças que gozavam de prestígio nele. Ou seja: a pesquisa procurou determinar qual era a *função social* da língua escrita para a criança, concluindo que essa função dependia do *status* que a língua escrita tinha no grupo a que pertencia a criança, do valor a ela atribuído por esse grupo.

Estudos e pesquisas a respeito da alfabetização no Brasil, sob essa perspectiva das funções sociais da escrita, são urgentes: é necessário conhecer o valor e a função atribuídos à língua escrita pelas camadas populares, para que se possa compreender o significado que tem, para as crianças pertencentes a essas camadas, a aquisição da língua escrita – esse significado interfere, certamente, em sua alfabetização.

> Passadas quase três décadas após esta declaração da *urgência* de estudos dessa natureza, ainda são muito poucas as pesquisas sobre os usos e as funções da língua escrita em diferentes grupos sociais, no Brasil.

Uma outra maneira de entender uma perspectiva funcional da alfabetização é a que decorre de uma segunda interpretação que se pode dar à expressão "função da língua escrita". Entendendo a palavra função como *finalidade*, a expressão "funções da língua escrita" designaria a finalidade atribuída à enunciação, em situações de interação. Retomando as perspectivas já apontadas, a fim de melhor situar esta terceira: para uma perspectiva *estrutural* da alfabetização, o objeto de estudo são as *variedades dialetais* e suas implicações para a aprendizagem da língua escrita (implicações decorrentes das relações entre gramáticas das variedades dialetais e a gramática da língua escrita); para uma perspectiva *funcional* voltada para as *funções sociais da escrita,* o objeto de estudo são as relações entre a aprendizagem da língua escrita e o valor e papel social que lhe atribuem grupos sociais diferentes; para uma perspectiva *funcional* voltada para as *finalidades* da enunciação, o objeto de estudo são as articulações entre o uso da língua e os contextos sociais de interação, suas repercussões na organização do sistema semântico e as implicações disso para a aprendizagem da escrita. Em outras palavras, para essa segunda perspectiva funcional, o objeto de estudo são as "variedades diatípicas, ou registros" (Halliday, 1978). Enquanto os *dialetos*, objeto de estudos estruturais, descrevem a distribuição espacial e hierárquica de aspectos fonológicos, léxicos, morfológicos, sintáticos, os *registros*, objeto de estudos funcionais, voltam-se para o sistema sociossemântico, e descrevem a distribuição social de modos de significação.

Pretendo, nesta exposição, desenvolver algumas reflexões e apresentar alguns resultados de pesquisa a respeito da alfabetização,[3] no Brasil, sob essa segunda perspectiva funcional da língua escrita, voltada para as finalidades da enunciação – uma perspectiva que busque as relações entre a aquisição da língua escrita e a distribuição social dos modos de significação. Entretanto, para chegar à discussão dos problemas da alfabetização sob essa perspectiva, discutirei, em primeiro lugar, a hipótese de que, em classes sociais diferentes, são também diferentes as funções atribuídas ao uso da língua, e apontarei as repercussões disso na escola, particularmente nas séries iniciais, durante as quais se desenvolve o processo de aquisição da escrita; em segundo lugar, procurarei ampliar essa hipótese, mostrando como essas diferenças se refletem no uso da escrita por alunos das primeiras séries do ensino fundamental, pertencentes a diferentes classes sociais; estabelecidos esses pressupostos, tentarei evidenciar, através de textos produzidos por alunos no início do processo de aprendizagem da escrita, a interferência dessas diferenças, desde o primeiro momento, no processo dessa aprendizagem, levando a criança a *(des)aprender* as funções da escrita – tema central dessa exposição.

Comecemos pela hipótese de que classes sociais diferentes atribuem funções diferentes ao uso da língua.

Um componente importante da aquisição da fala pela criança é a aprendizagem das funções atribuídas ao uso da língua (o "aprender a significar", para usar a expressão de Halliday, 1975: *"learning how to mean"*). Ora, como essa aprendizagem se faz por intermédio do processo de socialização, a criança aprenderá a atribuir à língua as funções que lhe atribui o contexto cultural em que a aprende. Partindo da premissa de que o processo de socialização tem características fundamentalmente diferentes, em classes sociais diferentes (premissa que estudos sociológicos não permitem negar), pode-se seguramente levantar a hipótese de que as funções atribuídas ao uso da língua serão também diferentes, em classes sociais diferentes. Ou seja, há uma diferença de *classe* na relação entre uso da língua e as expectativas prévias do falante, a respeito do interlocutor e do contexto.

É em Halliday (1973, 1975, 1978) e Halliday e Hasan (1985) que se encontra mais claramente exposta essa perspectiva funcional da aquisição e do uso da língua, em diferentes classes sociais. Segundo Halliday, as diferenças relacionam-se, essencialmente, com uma interpretação funcional da língua: a diferença fundamental estaria na ênfase relativa posta nas diferentes funções da língua. Para Halliday, portanto, as diferenças linguísticas não são somente estruturais, mas sobretudo *sociossemânticas*: as modalidades de fala são padrões de significação que emergem, com intensidade diferente, em determinados contextos, particularmente os da socialização primária (familiar e no grupo de pares). Tendo essa socialização características comuns numa mesma classe social (apesar da singularidade da experiência de cada indivíduo), ela determina as significações que serão escolhidas em situações de interação.

É nesse mesmo quadro conceitual que Bernstein (1971) desenvolveu seu trabalho teórico e empírico a respeito das relações entre linguagem e classe social: seu conceito de *código*, em sua versão mais amadurecida, não é o de variedades linguísticas; *códigos* são *princípios* que articulam o uso da língua com os contextos sociais ou as situações de interação.[4]

De certa forma, pode-se dizer que também Labov explicou diferenças linguísticas entre indivíduos pertencentes a classes sociais diferentes como diferenças no modo de articular o uso da língua com o contexto. Ao atribuir o uso monossilábico da língua por adolescentes negros à situação de teste em que esse uso foi solicitado, por um adulto branco e desconhecido, Labov (1972) busca explicação numa seleção de *registro*, na terminologia de Halliday, ou de *código*, na terminologia de Bernstein, para as diferenças no uso da língua (por mais estranha que pareça essa aproximação entre Labov e Bernstein).[5]

Que relação haverá entre as diferenças de funções atribuídas ao uso da língua em diferentes classes sociais e o desempenho da criança na escola?

As diferenças *estruturais* entre o dialeto padrão e os dialetos não padrão têm sido intensamente apontadas como causa do fracasso escolar das crianças pertencentes às camadas populares, falantes daqueles dialetos não padrão. Certamente não se pode negar essa explicação, que já tem sido comprovada empiricamente. Entretanto, na linha de raciocínio que se vem desenvolvendo nessa exposição, devem ser consideradas, além das diferenças de *forma*, também as diferenças de *função*.

A linguagem da escola é a linguagem das classes favorecidas; as *funções* que predominam no uso que se faz da língua na escola são aquelas que também predominam no uso da língua por essas classes. A criança pertencente às camadas populares traz para a escola uma linguagem em que predominam outras funções: as diferenças afloram.

Não há, ainda, no Brasil, pesquisas sobre a identificação e caracterização dessas diferenças funcionais. Posso, porém, citar pesquisa em que elas se evidenciaram com clareza, embora não fossem, propriamente, o objeto pesquisado. Esse objeto era a percepção que as crianças pertencentes a diferentes classes sociais têm da escola e de seu papel. Para tentar captar essas percepções, que se supunha diferentes, solicitou-se a alunos de 3ª e 4ª séries do ensino fundamental a produção de textos com o título "Se eu fosse professora". A análise do *corpus* obtido evidenciou diferenças significativas; uma delas foi exatamente as diferenças de *classe* na percepção que as crianças têm das *funções* atribuídas ao uso da língua pelos agentes escolares. Os dois textos seguintes são representativos da produção de crianças de uma e outra classe:

> Se eu pudesse ser uma professora, ir dar aula todos os dias para a 3ª série.
> Ah! Se eu pudesse ensinar muitas coisas para meus alunos, ensinar a ler, escrever.
> Se eu pudesse escrever exercícios no quadro, dar composições, provas, Para Casa etc.
> Ah! Se eu pudesse dar Ditado, Fatos, ver as crianças pensando quanto que é a conta.
> Ah! Se eu pudesse chamar atenção dos alunos, conversar com outras professoras, ver crianças brincando. Ah! Se eu pudesse ver as crianças escrevendo, eu explicando e depois ver que felicidade! Vê-las felizes porque iam embora. Ah! Se eu pudesse dar exemplos nas composições, corrigir os Para Casa, Fatos, cadernos de aulas etc. Ah! Se eu pudesse!
> Mas como seria legal! mandá-los fazer fila para ir para a Biblioteca, Educação Cristã, ginástica, aula de canto. Se eu pudesse dar aulas de Comunicação, Matemática, Ciências, Integração Social.
> Como seria legal!
> Pena que tudo foi um sonho! Como eu queria que fosse verdade!

Menina, nível socioeconômico alto, 3ª série, escola privada.

> Se eu pudesse ser uma professora, eu iria gostar muito mesmo.
> Eu seria muito boa para os meus alunos eu ia ensinar tudo que eu tivesse aprendido e não deixava eles ficarem fazendo barulho dentro da sala de aula. Quando dá na hora do recreio, eles corriam para a fila desserem com a boca fechada com as mãos pra traz. Eu também educaria eles ficarem quietinhos e não responder a professora, fazerem os exercícios dentro da sala e eu daria dever todos os dias, no outro dia eu ia corrigir os deveres e se o menino não fazer o dever, eu mandaria a diretoria para fazer o dever com ela.

Menina, nível socioeconômico baixo, 3ª série, escola pública.

Trata-se aqui de identificar, subjacente a esses textos, qual das funções com que a professora usa a língua é mais saliente para cada criança.

A criança de classe alta percebe, sobretudo (quase exclusivamente), a função *representativa*:[6] a professora usa a língua para *ensinar*, para transmitir conteúdos, para falar sobre "coisas" – uma fala orientada para o referente, para a 3ª pessoa (ensinar muitas coisas, explicar, dar exemplos, escrever exercícios no quadro etc.). A função *reguladora* aparece ou marginalmente – chamar a atenção dos alunos – ou como meio para propiciar situações em que domina a função *representativa* – mandá-los fazer fila *para ir para...*

O contrário ocorre no texto da criança pertencente às camadas populares; aqui, é a função *reguladora* que a criança percebe como dominante: não deixar fazer barulho, regular o comportamento na fila, educar para que fiquem quietos, mandar fazer exercícios dentro da sala, mandar para a diretoria etc. O uso da língua com a função representativa aparece apenas uma vez, e através de uma expressão vaga e ampla: "eu ia ensinar tudo que eu tivesse aprendido".

O que se pode supor é que, no processo de socialização das crianças, certas funções da linguagem predominam nas camadas médias e altas, outras predominam nas camadas populares, levando-as a perceber com mais saliência, na escola, as funções mais presentes no grupo social a que pertencem.

Um dado que parece comprovar que se trata, realmente, de percepção maior ou menor de uma ou outra função da linguagem, por crianças de classes sociais diferentes, é que os alunos pertencentes à mesma turma de uma mesma escola, tendo a mesma professora (escola pública, com alunado heterogêneo quanto à origem social), produziram textos que confirmam essas diferenças de percepção:

> Se eu fosse professora iria dar aula de matemática, comunicação, integração, ciências, treino e muitas outras coisas.
> Se precisar de chamar atenção do aluno só chamar.
> Eu iria contar estórias para os alunos e fazer jogos de matemática e também dar matérias novas para eles.
> Eu gostaria muito de ser professora, ensinar os meninos as matérias e isto é para o próprio bem deles.

Menina, nível socioeconômico médio-alto, 3ª série.

> Se eu fosse professora: eu mandaria os alunos calarem a boca, fazerem os exercícios completos, não olhar um do outro porque se não eles não aprenderiam nada. Eu não quer ser uma professora brava, eu quer ser uma professora que não gritasse com os alunos, mas queria que os alunos coperasem comigo, porque se os alunos não coperasem comigo eu também não podia coperar com eles. Vocês entenderam que professora eu queria ser?

Menina, nível socioeconômico baixo, 3ª série.

Reaparecem aqui as mesmas diferenças apontadas nos textos anteriores. No texto da criança de classe média alta, a atribuição da função *representativa* à linguagem da professora: dar aula, contar histórias, dar matérias novas etc.;

a função *reguladora* aparece minimizada na própria estrutura linguística com que a criança se refere a ela: "Se precisar de chamar atenção do aluno só chamar". No texto da criança de nível socioeconômico baixo, a predominância da função *reguladora*, a importância que assume nela o verbo *mandar*, a ausência do verbo *ensinar*.

Essa diferente percepção do uso da língua na escola, por crianças pertencentes a diferentes classes sociais, parece indicar a plausibilidade das hipóteses que estou propondo: classes sociais diferentes privilegiam certas funções da língua, em detrimento de outras; em consequência, o processo de socialização das crianças, em uma ou outra classe, as leva a determinadas expectativas a respeito do interlocutor e das funções que têm o uso da língua por ele; a consequência "escolar" é que as crianças interpretam as situações de interação verbal na escola segundo o "modelo funcional" que lhes impõe sua situação de classe.

Não é difícil inferir de tudo isso mais uma explicação *linguística* para o fracasso das crianças das camadas populares na escola: enquanto as crianças das classes favorecidas veem essa instituição como um espaço e um tempo de *aprendizagem*, já que, para elas, a língua é aí usada predominantemente com a função *representativa*, as crianças das camadas populares a veem como um espaço e tempo de "modelagem" de seus comportamentos sociais, pois, para elas, a língua tem, na escola, uma função predominantemente *reguladora*.

Até aqui, procurei mostrar resultados de pesquisa que permitem inferir a percepção que as crianças de classes sociais diferentes têm das funções com que a língua é usada na escola. Cabe perguntar: no processo de alfabetização, ou seja, de aquisição das condições de uso da língua escrita, elas também se diferenciam, por atribuírem à escrita funções diferentes?

Procurarei responder a essa pergunta analisando novamente produções escritas de crianças de 3ª e 4ª séries do ensino fundamental. Trata-se de textos coletados em pesquisa que teve o objetivo de caracterizar e confrontar a expressão escrita de crianças pertencentes a classes sociais diferentes, para testar a hipótese levantada por Bernstein (1971) de que há predominância de *significações universalistas* na linguagem de crianças de classe média, e de *significações particularistas* na linguagem de crianças das classes trabalhadoras. A análise do *corpus* evidenciou, entre outros resultados que não cabe mencionar aqui, por fugirem ao tema central desta exposição, uma diferença fundamental quanto à *função* que crianças pertencentes a classes sociais diferentes atribuem à língua escrita.

Vejam-se os dois textos seguintes – neles, duas meninas pertencentes, uma às classes favorecidas, outra às camadas populares, dão ao tema "Se eu pudesse" aproximadamente a mesma resposta: se eu pudesse acabar com a violência. Há, porém, uma grande diferença entre eles:

> Se eu pudesse ser a força do coração.
> Se eu pudesse ser a luz do amor...
> Se eu pudesse ser a união entre um homem e uma mulher. Se eu pudesse ser a felicidade do mundo. Se eu pudesse ser uma lágrima, mas uma lágrima de alegria misturada com amor e união. Mas eu não posso... eu só posso ser uma simples menininha de 9 anos de idade que queria ser todas essas coisas. Se eu pudesse ver um menino com um sorriso na cara com os olhos brilhando de felicidade, cantando e brincando na rua. Mas eu não posso ver porque o homem está destruindo o amor e a alegria e criando a violência. Se eu pudesse acabar com a violência e lutar pelo amor, o mundo voltaria a ser aquele mundo cheio de amor carinho e união entre todas as pessoas que existem nele. Se eu pudesse ser uma passarinho e sair por aí voando e transportando amor, carinho e união entre as pessoas...
> Ah! Se eu pudesse...

Menina, nível socioeconômico alto, 3ª série.

> Se eu pudesse ter mais amor no coração, se eu pudesse ser mais humilde. Se eu pudesse comprar um passarinho, um papagaio, uma boneca, um macaquinho, brinquedos para meus sobrinhos, roupas para mim, para minha mãe.
> Se eu pudesse ser obediente mais do que eu sou, se eu pudesse pôr amor nos corações das pessoas, se eu pudesse não brigassem um com o outro, se eu pudesse fazer que as mães não batam muitos nos filhos. Isso tudo eu fazia se eu pudesse...

Menina, nível socioeconômico baixo, 4ª série.

Abstenho-me de analisar aspectos como a predominância de *significações universalistas* no texto da criança pertencente às classes favorecidas, e de *significações particularistas* no texto da criança pertencente às camadas populares, a evidente subescolarização desta última (comparem-se a fluência e a complexidade de estruturas do texto da primeira, que está na 3ª série, com as estruturas simples e paratáticas da segunda, que já está na 4ª série) – mais uma discriminação que a escola brasileira impõe às camadas populares, e outros aspectos textuais que fogem aos objetivos desta exposição. Atendendo a esses objetivos, limito-me a analisar a *função* que cada uma das crianças atribui ao uso da língua escrita, nas condições escolares em que o texto foi produzido.

Observe-se que, diante do tema proposto pela professora (já que a atividade de produção dos textos para a pesquisa foi orientada pela professora, em condições escolares de "redação", não pela pesquisadora), as crianças se comportaram de maneira bem diferente.

A criança pertencente às camadas favorecidas, embora usando a 1ª pessoa, o que levaria a esperar o uso da escrita como uma função *pessoal* (função *emotiva* ou *expressiva*, na terminologia de Jakobson, 1960), privilegia, na verdade, a função *imaginativa*, enquanto *cria* um mundo através da linguagem (um mundo de amor, união etc. em que haveria *menino com sorriso na cara* e *olhos brilhando de felicidade*), e a função *referencial*, enquanto opõe, ao imaginado, referências ao mundo real: a idade que tem, as ações de violência e destruição do homem.

No texto da outra criança, a função é quase exclusivamente *pessoal* (expressiva): autoanálise e expectativas em relação a si mesma (*ter mais amor no meu coração, ser mais humilde, ser obediente mais do que sou*), e expressão de desejos estreitamente ligados às suas necessidades *reais*, a seus conflitos *reais*.

A primeira criança, a de nível socioeconômico alto, *imagina* um mundo diferente, mas abstrato, impessoal, e de seu texto estão ausentes os desejos que certamente vivencia: se não deseja passarinho, papagaio, boneca, macaquinho, roupa, há de desejar objetos, brinquedos que não tem; e estão também ausentes os conflitos que sem dúvida também enfrenta: brigas, discussões, castigos, presentes não só nas camadas populares. Mas esta criança sabe com que *função* deve usar a língua na escola, sabe fazer o discurso que a escola quer: pertencente às camadas da sociedade para as quais a escola foi organizada, aprende, já no seu processo de socialização familiar, que à escola se deve responder com um determinado discurso, marcado por determinadas funções, e sabe que, quando a escola lhe pede um texto, seu interlocutor escolar não quer propriamente que demonstre o que pensa ou sente (não quer o uso da linguagem com função *pessoal* nem *interacional*), quer que demonstre o que *sabe* ou o que é capaz de *criar* (quer uso da linguagem com função *representativa* ou *imaginativa*).

A outra criança, não. Se lhe propõem escrever sobre "Se eu pudesse", toma ao pé da letra a proposta e escreve sobre o que deseja, *de verdade*. Não aprendeu, no contexto cultural de sua classe, o jogo da escola, de que são aspectos relevantes as *funções* com que a língua deve ser usada – as funções permitidas e desejadas no processo de escolarização.

É claro que o texto da primeira criança é muito mais "escolar" que o da segunda: respondendo a um tema que deveria conduzir à expressão da subjetividade, ao uso da função pessoal ou expressiva, faz o discurso do senso comum, generaliza, abstrai, impessoaliza – assume o discurso *da escola*. A segunda criança considera o tema como uma provocação para uma situação real de interação: fala de si mesma, de sua subjetividade – assume o *seu* discurso. O que parece ocorrer é que, independentemente do tema proposto para a produção de texto, a criança das classes favorecidas o desenvolve usando as funções que sabe serem esperadas pela escola, enquanto a criança das camadas populares, desconhecendo essa expectativa da escola, usa as funções que o tema provoca.

O estudo dos textos produzidos por crianças a partir do tema "Se eu pudesse" só permite concluir que, em situação escolar, diante de um tema que provoca o uso da escrita com função pessoal, expressiva, emotiva, crianças de classe social diferente comportam-se de forma diferente, porque é diferente a interpretação que cada grupo faz da situação de enunciação e das expectativas do interlocutor.[7] Entretanto, talvez se possa, a partir desse estudo, acrescentar uma segunda hipótese à primeira anteriormente proposta. Essa primeira hipótese é a de que o contexto cultural *de classe* e o processo de socialização que nele tem lugar levariam a criança a privilegiar determinadas funções, no uso da língua. A segunda hipótese seria a seguinte: o contexto cultural de classe e o processo de socialização que nele tem lugar levariam a criança das classes favorecidas a perceber mais facilmente as *funções* que a escola atribui à escrita e, portanto, a produzir mais adequadamente, em seus textos escolares, o discurso esperado por ela; a criança das camadas populares, não tendo formado, em seu processo de socialização, o conceito de "escrita escolar", isto é, o conceito das funções com que a escola espera que a escrita seja usada, supõe que, diante de um tema que provoca o uso da escrita com uma função *pessoal*, deve escrever para expressar a *sua* mensagem, contar a *sua* história, dizer a *sua* palavra.

A insistência e a persistência da escola em levar os alunos a usar a escrita com as funções que privilegia, insistência e persistência que têm, como principal instrumento, as *condições de produção* da escrita na escola e a *avaliação* dessa escrita, são, na verdade, um processo de aprendizagem/desaprendizagem das funções da escrita: enquanto *aprende* a usar a escrita com as funções que a escola atribui a ela, e que a transformam em uma interlocução artificial, a criança *desaprende* a escrita como situação de interlocução real.

Essa aprendizagem/desaprendizagem tem início nos primeiros momentos do processo de alfabetização. Ou antes: na verdade, começa quando a criança, ao chegar à escola cheia de expectativa e desejo de aprender a ler e a escrever, encontra o chamado "período preparatório", e é obrigada a cobrir linhas sinuosas, ligar o patinho da esquerda ao patinho da direita etc. E agrava-se quando a criança recebe, finalmente, a cartilha e enfrenta textos como estes:[8]

> Atualmente, transcorridos quase 20 anos desde a produção deste texto, os procedimentos e o material de alfabetização aqui mencionados vêm sendo censurados, no quadro das novas teorias sobre a aquisição da língua escrita, e, em tese, abandonados; na verdade, pesquisas têm demonstrado que, a despeito de um discurso renovador na área da alfabetização e da substituição das tradicionais cartilhas pelos chamados "livros de alfabetização", que buscam coerência com esse discurso renovador, na prática cotidiana da escola continuam presentes tanto os procedimentos aqui mencionados quanto os textos "acartilhados", quando não as próprias cartilhas.

O NAVIO DA VOVÓ
Vovó veio de navio novo.
No navio ela viu o anão.
Nilo foi no colo da vovó.
E o novelo caiu.
Nicole lavou o novelo.
O novelo de lã ficou novo.

Na lata de chá há balas.
A bala é de banana.
A bananada está na lata.
Lalá lava a lata.

A foca fica na bica.
Vovô leva o bebê à bica.
A bola do bebê cai.
A foca dá a bola ao bebê.
Como a foca é boa!

O jacaré bebe café.
A jiboia bebe cajuada.
E o bode?
O bode joga dado e bebe água de coco.

Esses textos transformam-se no "modelo" a que a criança deve obedecer, quando escreve: uma sucessão de sentenças entre as quais não há coesão, não há coerência, não há unidade temática.

As crianças das classes favorecidas, porque, em geral, convivem, em seu contexto cultural, com livros, e ouvem histórias que lhes leem, percebem com facilidade que os textos da cartilha não são textos "para ler", são frases para "aprender a ler" e que as "composições" ou os exercícios de "expressão escrita" que fazem são apenas para "aprender a escrever".

Ao contrário, as crianças das camadas populares que, em geral, não convivem com livros nem têm quem lhes leia histórias (já que o livro é objeto cultural sonegado às camadas populares), mas que fazem, certamente, suposições sobre as funções da escrita, experimentam o conflito entre essas suposições e o que a escola lhes apresenta. Quando escrevem, buscam obedecer ao modelo. Vejam-se alguns exemplos de "textos" produzidos por alfabetizandos das camadas populares quando se lhes solicitou que escrevessem "sobre o que quisessem":

> A PIPA
> A pipa é de Fábio.
> A pipa voa... voa...
> A pipa avoa no azul do ceu.
> A pipa é bonita.
> Fábio solta a pipa.
> A pipa é verde.
> A pipa vai longe.
> Que pipa bonita.

> A PIPA
> Didi solta a pipa no campo verde.
> Didi solta a pipa no céu azul.
> Didi diz que pipa bonita.
> Didi tem uma alaranjada.
> papai veja a pipa alaranjada.
> A linha arrebentou Didi ficou triste.
> A pipa a voa no céu é azul.
> A linha agarrou no fio.

De certa forma, pode-se dizer que, nesses textos, as crianças usam a escrita com a função que Halliday (1973) chama de *instrumental*: é o uso da linguagem como um meio para que as coisas se realizem. O que as crianças querem é a aprovação da professora: "veja como sei escrever as palavras que me foram ensinadas". Não escrevem para expressar-se (função *pessoal*), não escrevem para criar (função *imaginativa*); solicitadas a escrever *sobre o que quisessem, todas* as crianças da turma escrevem sobre "a pipa", tema da lição da cartilha que estudavam na ocasião. Em todas as redações, as personagens são Didi ou Fábio, nomes de personagens da cartilha. Em quase todas as redações, a pipa é verde, é bonita, o céu é azul. Não há, nas crianças, intenção de contar uma história; escrevem sentenças sem coesão, sem coerência. Por exemplo: na primeira redação, a informação de que Fábio solta a pipa é *posterior* à informação de que a pipa voa; as orações que adjetivam a pipa – é bonita, é verde – vêm separadas pela informação de que Fábio solta a pipa. A organização é paratática, com repetição desnecessária do sujeito "a pipa". A segunda redação, escolhida porque é uma das poucas que se diferencia ligeiramente das demais (a pipa é alaranjada e não verde, e a criança acrescenta um dado que as outras não incluem, o acidente com a pipa), ainda assim não revela o uso da escrita com função interacional, imaginativa ou pessoal: as mesmas repetições, a mesma incoerência (por exemplo, a oração que informa que a linha arrebentou *precede* a informação de que a pipa voa no céu), a mesma organização paratática.

Entretanto, um fato inteiramente não previsto fez surgir, entre as repetitivas redações sobre a pipa, nessa turma de alfabetizandos, a escrita com outras funções.

A produção escrita das crianças, que resultou nessas redações, foi solicitada à turma para obtenção de dados que constituiriam o *corpus* de pesquisa sobre a influência dos "textos" das cartilhas na formação do conceito de funções da escrita, por crianças em fase de alfabetização. A solicitação foi, excepcionalmente, feita por uma auxiliar de pesquisa (em geral, pedia-se à própria professora que solicitasse às crianças a produção de um "texto espontâneo"): a professora da turma não tinha comparecido à escola naquele dia, e a auxiliar de pesquisa, por sugestão da diretora, assumiu a aula, transformando-a em uma aula de "expressão escrita", a fim de cumprir o objetivo que a tinha levado à escola. Nessas condições de produção, várias crianças, após perguntarem se a professora leria as "composições", e tendo recebido resposta afirmativa, acrescentaram bilhetes para ela – e aí surge a escrita com as funções que realmente tem. Vejam-se três exemplos nas páginas seguintes.

Nas redações sobre a pipa, as mesmas características já apontadas anteriormente; nos bilhetes à professora, as crianças, além de se permitirem escrever palavras "não treinadas", construindo e experimentando hipóteses sobre as correspondências fone/letra, utilizam a escrita com as funções pessoal e interacional: expressam seus sentimentos, interagem com a professora. Demonstram ter da escrita um conceito adequado: um meio de chegar a um interlocutor ausente e de atingir um objetivo pessoal de interação.

Na redação 1, por exemplo, a separação que a criança faz entre a redação sobre a pipa, isolada em um retângulo, e o bilhete à professora, circundado pelo desenho de um coração, deixa claro que ela percebe que são duas escritas diferentes: a escrita escolar, com a função instrumental de demonstrar que aprendeu a escrever o que lhe ensinaram a escrever, e a escrita não escolar, com as funções pessoal e interacional.

Já na redação 4, o conflito da criança entre o uso da escrita com a função instrumental escolar e seu uso com a função interacional e pessoal manifestou-se de forma surpreendente. Dividida entre a função instrumental – escrever para mostrar que aprendeu – e as funções pessoal e interacional – escrever para interagir com a professora e expressar seus sentimentos –, a criança produz as duas escritas alternadamente, redação e bilhete misturando-se, entremeando-se, deixando claro o conflito entre o uso que *queria* fazer da escrita e o uso que *devia* fazer dela, segundo o "modelo" que a escola lhe vinha impondo.

A hipótese que pode ser feita é que a criança, particularmente a criança pertencente às camadas populares, cuja cultura de classe é muito diferente da cultura escolar, ao chegar à escola e iniciar o processo de aquisição da escrita, tem o conceito de que a situação de produção de texto escrito é uma situação de *interlocução* – é o que se evidencia nas redações das crianças de nível socioeconômico baixo sobre o tema "Se eu pudesse", de que se analisou um exemplo, e nos bilhetes à professora acrescentados às redações sobre "a pipa"; a escola ensina-lhe que, ao contrário, a situação de produção de texto escrito é ou uma situação de demonstração de suas habilidades de grafar as palavras que lhe foram ensinadas ou, em etapa mais avançada do processo de alfabetização, de demonstração da capacidade de usar a escrita com aquelas funções consagradas pela escola, uma escrita que devolva a essa escola o discurso que ela impõe.

Redação 1

a pipa
A voa no céu azul.
O menino solta a pipa.
Que pipa bonita.
Fábio vê a pipa no céu.
Fábio fala:
— minha pipa é linda.
Hidi diz: dadá Olha a pipa de Fábio.

Tia Conceição eu estou morrendo
de sua... de de você, mado
um grande abraço
A sim de Silvana.

Redação 2

Redação 3

A pipa. mato um prade abraço

A pipa aroa no céu azul longe.

A pipa quebrou.

Fábio diz.

Que pipa amarelo.

O dona da pipa é o Fábio.

O Fábio fez a pipa amarela.

Tia Conceicao estou com muita saudade de vocé quero que. voce venha depressa bem. depressa esta bem.

A sinado Luciana

Redação 4

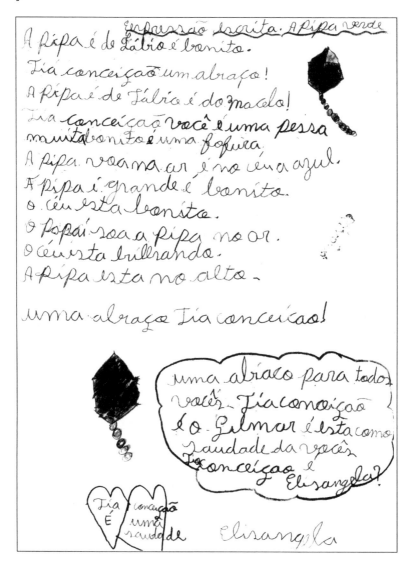

O resultado é que o processo de aquisição da língua escrita, na escola, é, desde o primeiro momento, um processo de *desaprendizagem* da escrita com as funções de interação autor/leitor, de intersubjetividade, e de *aprendizagem* de uma escrita que, em vez de interação, é reprodução de um modelo escolar de texto, é "prestação de contas" do autor a um leitor que nada mais espera senão reconhecer, no texto produzido, esse modelo; que, em vez de possibilidade de intersubjetividade, é, ao contrário, negação da subjetividade de autor e leitor, porque um e outro se negam como *sujeitos*, na escrita/leitura do texto.

Várias pesquisas têm mostrado como, após a escolarização de ensino básico e até mesmo de ensino superior, o aluno demonstra ter aprendido a escrita que a escola impõe (exemplos são: Lemos, 1977, Osakabe, 1977, Rocco, 1981, Pécora, 1983, Almeida, 1986). Essa "eficiência" da escola em levar o aluno a *(des)aprender* as funções da escrita, "eficiência" que se evidencia desde a alfabetização, mostra que os estudos sobre a aquisição da língua escrita não podem limitar-se aos aspectos *estruturais*, como tem ocorrido; são urgentes estudos sob uma perspectiva *funcional*, que testem as hipóteses aqui propostas: a hipótese de que, em classes sociais diferentes, são também diferentes as funções atribuídas ao uso da língua, e essas diferenças repercutem na percepção que têm da linguagem escolar, tanto oral quanto escrita, crianças pertencentes a classes sociais diferentes; e a hipótese de que essas diferenças de classe quanto às funções da escrita se refletem no uso da escrita por crianças em processo de alfabetização.

> Nos anos 70 e 80 do século passado, graças à introdução de provas de redação nos vestibulares e nos concursos públicos, pesquisadores interessados em estudos sobre o uso da língua escrita passaram a dispor de um amplo *corpus* para análise, situação que gerou, à época, numerosas pesquisas; os artigos e livros aqui citados são alguns exemplos dessa produção.

Se estudos sociolinguísticos sob uma perspectiva *estrutural* têm mostrado como a escola dificulta o processo de aquisição da língua escrita pela criança pertencente às camadas populares, estudos sociolinguísticos sob uma perspectiva *funcional* denunciarão o processo de *desaprendizagem* das verdadeiras funções da escrita que a escola impõe, particularmente a essa criança que, ao contrário da criança das classes favorecidas, só começa a "sofrer" o trabalho pedagógico escolar quando ingressa na escola para alfabetizar-se; e denunciarão, simultaneamente, o processo de *aprendizagem* de uma escrita que nega a funcionalidade desta forma de interlocução, nega a subjetividade de autor e leitor, e, sobretudo, nega o direito de usar a escrita para dizer a própria palavra.

NOTAS

[1] Essas diferenças entre o sistema fonológico e o sistema ortográfico têm sido privilegiadas talvez porque constituem o aspecto mais *evidente* da aprendizagem da língua escrita: a transferência, que constitui o primeiro passo no processo dessa aprendizagem, da forma sonora da fala para a forma gráfica da escrita; não só mais evidente mas, provavelmente, aquele para o qual a escola tem-se mostrado particularmente incompetente, já que é na série em que se inicia a aprendizagem da língua escrita, portanto, em que se dá aquele "primeiro passo", que se verificam os mais altos índices de repetência e evasão, indicativos do fracasso escolar.

[2] Sob essa perspectiva funcional da alfabetização, que tem por objeto a função social da escrita, tem-se preferido usar o termo *letramento* ("*literacy*", na literatura de língua Inglesa). Cf., a esse respeito, a recente obra de Tfouni (1988), em que se apresenta uma diferenciação entre "escrita", "alfabetização" e "letramento".

> A partir da data em que este texto foi publicado, mesma data da publicação do livro de Tfouni, o termo *letramento* difundiu-se e o conceito foi diversificado, ultrapassando o que aqui se lhe atribui, como mostram os textos da primeira parte deste volume.

[3] Atribui-se aqui a *alfabetização* um sentido mais amplo que a mera aprendizagem da transferência do sistema fonológico para o sistema ortográfico; *alfabetização* designa, nesta exposição, um processo que leve o indivíduo ao domínio e uso da escrita, isto é, à produção adequada de texto escrito em situações em que a escrita for a melhor alternativa.

[4] O conceito de *código*, em Bernstein, tem sido mal interpretado por linguistas que se baseiam, para fundamentar sua severa crítica a esse conceito, apenas nos primeiros trabalhos desse autor (trabalhos da década de 1960). O conceito foi sendo progressivamente corrigido e reformulado por Bernstein, e sua versão mais recente é a de um *princípio* regulativo do uso da língua: "A code is a regulative principle, tacitly acquired, which selects and integrates: relevant meanings; form of their realisation; evoking contexts". (Bernstein, 1982) (Um código é um princípio regulativo, tacitamente adquirido, que seleciona e integra: sentidos relevantes; a forma de sua concretização; os contextos que eles evocam.)

> *Recente*, aqui, refere-se aos anos 80 do século passado; posteriormente, Bernstein (1924-2000) desenvolve ainda mais seu conceito de código, em duas obras: *The Structuring of Pedagogic Discourse* (1990) – a única de suas obras traduzida para o português: *A estruturação do discurso pedagógico* (Vozes, 1996) – e *Pedagogy, Symbolic Control and Identity* (1996).

[5] Na verdade, já vários autores têm mostrado que a oposição que tem sido apontada entre Bernstein e Labov não se justifica; veja-se, por exemplo, Halliday (1978) e Atkinson (1985).

[6] Não cabe, nos limites desta exposição, uma discussão sobre as várias classificações das funções da linguagem; adoto aqui, como quadro referencial mais adequado à análise do *corpus* que apresento, a classificação de Halliday em *Explorations in the Functions of Language* (1973): funções instrumental, reguladora, inter-racional, pessoal, heurística, imaginativa e representativa. Em trabalhos mais recentes, Halliday adota classificação que diminui para quatro o número de funções, aumentando a abrangência de cada uma; são elas: funções experiencial, interpessoal, lógica, textual (Halliday, 1978, Halliday e Hasan, 1985).

[7] Pesquisas são necessárias para verificar o comportamento das crianças de classes diferentes diante de temas que incitem ao uso de outras funções da linguagem.

[8] Os textos tomados como exemplo são de cartilhas escolhidas aleatoriamente entre as distribuídas pela FAE/MEC (Fundação de Assistência ao Estudante/Ministério da Educação), às escolas públicas brasileiras; não as identifico a fim de não penalizá-las injustamente: em todas as cartilhas, com pouquíssimas exceções, os textos têm as mesmas características dos aqui apresentados.

> A nota refere-se ao programa de distribuição de livros didáticos pelo Ministério da Educação às escolas públicas, à época realizado por intermédio da Fundação de Assistência ao Estudante; atualmente, o programa, aperfeiçoado, a partir de 1996, com a análise e avaliação dos livros, que até então não era feita, é desenvolvido com a parceria do Fundo Nacional de Desenvolvimento da Educação – FNDE, e conhecido como Programa Nacional do Livro Didático – PNLD.

REFERÊNCIAS BIBLIOGRÁFICAS

ALMEIDA, Guido de. *O professor que não ensina*. São Paulo: Summus, 1986.

ATKINSON, Paul. *Language, Structure and Reproduction*: an Introduction to the Sociology of Basil Bernstein. London: Methuen, 1985.

BERNSTEIN, Basil. *Class*. Codes and Control. v. 1. London: Routledge; Kegan Paul, 1971.

_____. Codes, Modalities and the Process of Cultural Reproduction: a Model. In: APPLE, Michael W. (ed.) *Cultural and Economic Reproduction in Education*: Essays on Class, Ideology and the State. London: Routledge; Kegan Paul, 1982.

> Este texto de Bernstein constitui, com alguns acréscimos, o capítulo 1 de sua obra posterior, traduzida para o português: *A estruturação do discurso pedagógico* (cf. nota 4).

BRYANT, Peter; BRADLEY, Lynette. *Problemas de leitura na criança*. Trad. I. C. S. Ortiz. Porto Alegre: Artes Médicas, 1987. (Tradução de *Children's Reading Problems*, 1985.)

GOODY, Jack. *A lógica da escrita e a organização da sociedade*. Trad. T. L. Pérez. Lisboa: Edições 70, 1987. (Tradução de *The Logic of Writing and the Organization of Society*, 1986.)

_____. (ed.) *Literacy in Tradicional Societies*. Cambridge: Cambridge University Press, 1968.

_____. *The Domestication of the Savage Mind*. Cambridge: Cambridge University Press, 1977.

HALLIDAY, M. A. K. *Explorations in the Functions of Language*. London: Edward Arnold, 1973.

_____., HASAN, Ruqaiya. *Language, Context and Text*: Aspects of Language in a Social-Semiotic Perspective. Oxford: Oxford University Press, 1985.

_____. *Language as Social Semiotic*: the Social Interpretation of Language and Meaning. London: Edward Arnold, 1978.

_____. *Learning How to Mean*. London: Edward Arnold, 1975.

HEATH, Shirley Brice. *Ways With Words*: Language, Life and Work in Communities and Classrooms. Cambridge: Cambridge University Press, 1983.

JAKOBSON, Roman. Linguística e poética. In: JAKOBSON, Roman. *Linguística e comunicação*. Trad. T. Blikstein e J. P. Paes. São Paulo: Cultrix, s/d. (Originalmente publicado em SEBEOK, T.A. (ed.) *Style in Language*. New York: MIT Press, 1960.)

KATO, Mary A. "Projeto e elaboração de material para a alfabetização do adulto". *Tempo Brasileiro*. Rio de Janeiro, n. 53/54, abr./set. 1978, pp. 95-111.

LABOV, William. *Language in the Inner City*. Philadelphia: University of Pennsylvania Press, 1972.

LEMLE, Míriam. "A tarefa da alfabetização: etapas e problema no português". *Letras de Hoje*. Porto Alegre, n. 50, dez. 1982, pp. 41-60.

_____. "A variação na forma fonológica, relevância na alfabetização". *Boletim da Abralin*. n. 5, 1983, pp. 22-9.

_____. *Guia teórico do alfabetizador*. São Paulo: Ática, 1987.

LEMOS, Cláudia T. G. "Redações no vestibular: algumas estratégias". *Cadernos de Pesquisa*. São Paulo, n. 23, dez. 1977, pp. 61-72.

ONG, Walter J. *Orality and Literacy*: the Technologizing of the Word. London: Methuen, 1982. (Tradução para o português publicada após a elaboração deste texto: *Oralidade e cultura escrita*: a tecnologização da palavra. Campinas, SP: Papirus, 1998.)

> Observe-se, no título da versão para o português, a tradução inadequada, que persiste ao longo da obra, de *literacy* por *cultura escrita*, num momento em que o termo *letramento* já tinha sido introduzido na literatura educacional.

OSAKABE, Haquira. "Provas de argumentação". *Cadernos de Pesquisa*. São Paulo, n. 23, dez. 1977, pp. 51-9.

OXENHAM, John. *Literacy*: Writing, Reading and Social Organisation. London: Routledge; Kegan Paul, 1980.

PÉCORA, Alcir. *Problemas de redação*. São Paulo: Martins Fontes, 1983.

ROCCO, Maria Thereza F. *Crise na linguagem*: a redação no vestibular. São Paulo: Mestre Jou, 1981.

RODRIGUES, Aryon D. "Tarefas da Linguística no Brasil". *Estudos Linguísticos*. São Paulo, v. 1, n.1, jul. 1966, pp. 4-15.

SCRIBNER, Sylvia; COLE, Michael. *The Psychology of Literacy*. Cambridge: Harvard University Press, 1981.

SILVA, Myriam Barbosa. *Leitura, ortografia e fonologia*. São Paulo: Ática, 1981.

SOUZA, Vicente Pereira de. "Linguística aplicada à alfabetização". *Cadernos de Linguística e Teoria da Literatura*. Ensaios de Linguística. Belo Horizonte: Faculdade de Letras da UFMG, n.1, 1978, pp. 96-165.

STREET, Brian V. *Literacy in Theory and Practice*. Cambridge: Cambridge University Press, 1984.

STUBBS, Michael. *Language and Literacy*: the Sociolinguistics of Reading and Writing. London: Routledge; Kegan Paul, 1980.

TFOUNI, Leda Verdiani. *Adultos não alfabetizados*: o avesso do avesso. Campinas: Pontes, 1988.

Alfabetização:
em busca de um método?

Este texto foi apresentado em conferência realizada no XXII Seminário Brasileiro de Tecnologia Educacional, realizado no Rio de Janeiro em dezembro de 1990; em seguida foi publicado em *Educação em Revista*, periódico da Faculdade de Educação da UFMG (n. 12, de dezembro de 1990) e em *Tecnologia Educacional*, periódico da Associação Brasileira de Tecnologia Educacional (v. 20, n. 98/99 de janeiro/abril de 1991). Nessa época – fim dos anos 1980, início dos anos 1990 – vivia-se o período inicial de introdução, na área do ensino, de uma nova concepção do processo de alfabetização, aquela que ganhou a denominação, talvez inadequada, de construtivismo. Essa nova concepção, ao rejeitar as concepções anteriores e, com elas, os métodos de alfabetização em que se traduziam e que até então orientavam o ensino e a aprendizagem da língua escrita, levou ao que se poderia chamar de um impasse na questão do método de alfabetização, impasse que se traduz na pergunta que me foi proposta como tema para a conferência acima mencionada, e que nela procurei analisar e responder. Embora já transcorridas quase três décadas, esse impasse ainda não foi superado, e a questão do método no processo de alfabetização continua viva e polêmica.

Começo por analisar o tema que me foi proposto para esta exposição, e prometo que tentarei, corajosamente, oferecer uma resposta à pergunta que ele formula: *Alfabetização: em busca de um método?*

Seria, apenas, uma pergunta retórica? Isto é, seria uma daquelas perguntas que não esperam resposta, que são feitas com o objetivo de apontar uma questão, um problema ainda de difícil ou impossível solução?

Numa perspectiva histórica, a pergunta surpreende: há não mais que poucos anos, essa pergunta não teria sentido. É que o que hoje é proposto sob a forma de pergunta foi, durante décadas, uma decidida afirmação:

Alfabetização: em busca de um método.

Porque, durante décadas, andamos, afirmativamente, ansiosamente, em busca, sim, de um método: silábico? global? fônico? Ou, quem sabe, eclético? Mas buscávamos um método. Durante décadas, esse parecia ser o problema crucial da alfabetização: um método.

Pesquisa sobre a produção acadêmica e científica a respeito da alfabetização, no período de 1961-1989 (Soares, 1989), mostra a predominância do tema *método*[1] sobre qualquer outra faceta do processo de aquisição da língua escrita, nos anos 1950 e 1960 (cf. Tabela I).

A tabela evidencia que a questão do *método* é objeto de estudos e pesquisas em todas as décadas, mas sua presença só é significativa nos anos 1950 e 1960: o tema ocupa *um terço* da produção nos anos 50, e *um quarto* da produção nos anos 60. Nos anos 1970 e, sobretudo, nos anos 1980, essa produção decresce

> Faz-se aqui referência à pesquisa que vem sendo desenvolvida, desde o início dos anos 1980, no Centro de Alfabetização, Leitura e Escrita – Ceale, da Faculdade de Educação da UFMG; os dados apresentados nas três tabelas que figuram neste texto são do primeiro relatório, produzido em 1989, abrangendo o período 1961-1986. Um segundo relatório, que completa e atualiza, até 1989, os dados, foi publicado em 2000 (SOARES, M. B.; MACIEL, F. *Alfabetização*. Brasília: MEC/Inep/Comped. Série Estado do Conhecimento); encontra-se atualmente em fase de elaboração um terceiro relatório, com atualização dos dados até 2001. As progressivas atualizações, complementações e o refinamento da metodologia vêm, naturalmente, trazendo novos resultados e novas análises, mas não invalidam as afirmações feitas neste texto com base nos dados iniciais nele apresentados.

acentuadamente: na década de 1970, não mais que 14% da produção acadêmica e científica sobre alfabetização voltaram-se para a questão do método, e apenas 4% na primeira metade dos anos 1980.

Pode-se afirmar, com base nesses dados sobre a produção acadêmica e científica a respeito da alfabetização, que, nas décadas de 1950 e 1960, aquilo que, hoje, se formula como pergunta era uma *afirmação*: a alfabetização estava, sim, em busca de um método. Também na prática escolar essa busca esteve, sem dúvida, intensamente presente nas décadas de 1950 e 1960, e, certamente, persistiu nos anos 1970 (o desprestígio da questão do método de alfabetização atingiu a área científica anos antes de chegar à escola, às salas de aula em que se alfabetiza – ou se tenta alfabetizar).

Por isso é que afirmei que, numa perspectiva histórica, a pergunta – *Alfabetização: em busca de um método?* – surpreende. Não surpreende hoje, neste momento educacional que estamos vivendo, na área de alfabetização.

Por que, hoje, a questão da procura de um método de alfabetização tornou-se, de afirmação, em pergunta?

> O advérbio *hoje*, nestes parágrafos, refere-se ao momento em que a pergunta foi proposta e o texto produzido – 1990; entretanto, se a pergunta já não surpreendia, lamentavelmente continua não surpreendendo: passados mais de vinte e cinco anos, a questão do método de alfabetização ainda é uma pergunta, ainda constitui um *impasse* na área do ensino e da aprendizagem da língua escrita.

Tabela I – Tema MÉTODO na produção sobre alfabetização, no Brasil, por década (1950-1986)

Década / Tema	50-59 Nº	50-59 %	60-69 Nº	60-69 %	70-79 Nº	70-79 %	80-86 Nº	80-86 %	Total Nº	Total %
Método	4	33	3	25	6	14	6	4	19	8
Outros (14)	8	67	9	75	36	86	158	96	211	92
Total	12	100	12	100	42	100	164	100	230	100

Fonte: SOARES, 1989.

(Não vou me deter numa discussão, que seria interessante, e mesmo pertinente, a respeito de *para quem* essa questão se fez pergunta. Acredito que nos iludimos, quando julgamos que *muitos* estejam *se interrogando* sobre a relevância da busca de um método de alfabetização: talvez a grande maioria daqueles que estão envolvidos na prática escolar cotidiana da alfabetização continuem *afirmando* a busca de um método – a pergunta que fazem, que continuam se fazendo é, certamente, qual é o método: fônico? global? silábico? Entretanto, não me vou deter nesta questão, porque meu objetivo, aqui, é discutir a busca de um método de alfabetização sob a forma da pergunta em que se transformou essa afirmação para alguns – para muitos?)

Não é difícil explicar por que a afirmação – *em busca de um método* – tornou-se interrogação – *em busca de um método?* Certamente isso ocorreu em virtude de uma radical mudança de paradigma, nos últimos anos, nos estudos e pesquisas sobre alfabetização, mudança que se vem refletindo na prática da alfabetização.

> Na época em que este texto foi produzido, o chamado *construtivismo* apenas começava a difundir-se na área da alfabetização e a hipótese aqui feita é que, na grande maioria das escolas, a questão que então se colocava continuava sendo a dúvida sobre o método a ser adotado, entre as várias opções existentes; posteriormente, e até o momento atual, como consequência da "mudança de paradigma", de que se fala a seguir neste texto, a questão passou a ser o *impasse* entre, de um lado, a *necessidade* de um método de alfabetização, de outro lado, a dúvida sobre a *possibilidade* de um método de alfabetização no quadro do novo paradigma.

A pesquisa já mencionada (Soares, 1989) sobre a produção acadêmica e científica a respeito da alfabetização, nas últimas quatro décadas, mostra a nítida predominância da Psicologia como referencial teórico dessa produção (quase metade: 40% da produção) – confirma-se, assim, a tradicional tendência a privilegiar, na análise do processo de alfabetização, sua faceta psicológica. Entretanto, são vários os eixos epistemológicos subjacentes às concepções psicológicas que informam estudos e pesquisas sobre a alfabetização e, ao analisar esses eixos, numa perspectiva histórica, verifica-se, por um lado, a persistência do associacionismo, ao longo do tempo, mas também se constata uma presença forte da Psicologia Genética nos anos 1980:

Tabela II – Tendências do referencial teórico da Psicologia na produção sobre alfabetização no Brasil, por década (1950-1986)

Década / Tendências	50-59 Nº	50-59 %	60-69 Nº	60-69 %	70-79 Nº	70-79 %	80-86 Nº	80-86 %	Total Nº	Total %
Associacion.	6	0	5	62	15	67	24	44	50	52
Psicogên.	-	-	1	13	2	9	26	47	29	30
Outras (4)	6	50	2	25	5	24	5	8	18	18
Total	12	100	8	100	22	100	55	100	97	100

Fonte: Soares, 1989.

Observa-se que o associacionismo é a tendência predominante nas décadas de 1950, 1960 e, sobretudo, na década de 1970, quando a vertente skinneriana dessa tendência exerce grande influência no ensino brasileiro, refletindo-se fortemente na alfabetização; entretanto, embora a presença do associacionismo, nos primeiros seis anos dos anos 1980, continue sendo muito significativa, decresce nitidamente, em relação às décadas anteriores, e é superada, nesse período, apesar de por pequena diferença, pela tendência psicogenética, cuja predominância nos anos 1980 reflete a tardia, mas forte, influência de Piaget na reflexão sobre alfabetização no Brasil.

É essa influência que representa aquilo que denominei uma radical mudança de paradigma, nos últimos anos, nos estudos e pesquisas sobre alfabetização e, consequentemente, também na prática da alfabetização. Essa mudança se reflete com clareza na questão do método de alfabetização.

Na perspectiva associacionista, o método é fator essencial do processo de aprendizagem da língua escrita, porque é considerado determinante dessa aprendizagem; comprovação disso é que, ao longo dos anos, a presença significativa da questão do método na produção acadêmica e científica sobre alfabetização (cf. Tabela I) é contemporânea de uma presença também significativa do associacionismo, como referencial teórico de análise da alfabetização (cf. Tabela II).

A concepção psicogenética, deslocando o eixo de compreensão e interpretação do processo pelo qual a criança aprende a ler e a escrever, trouxe uma severa crítica à importância que vinha sendo atribuída ao método de alfabetização.

É que a concepção psicogenética alterou profundamente a concepção do processo de aquisição da língua escrita, em aspectos fundamentais: a *criança*, de aprendiz dependente de estímulos externos para produzir respostas que, reforçadas, conduziriam à aquisição da língua escrita – concepção básica dos métodos tradicionais de alfabetização –, passa a sujeito ativo capaz de construir o conhecimento da língua escrita, interagindo com esse objeto de conhecimento; os chamados *pré-requisitos* para a aprendizagem da escrita, que caracterizariam a criança "pronta" ou "madura" para ser alfabetizada – pressuposto dos métodos tradicionais de alfabetização –, são negados por uma visão interacionista que rejeita uma ordem hierárquica de habilidades, afirmando que a aprendizagem se dá por uma progressiva construção de estruturas cognitivas, na relação da criança com o objeto "língua escrita"; as *dificuldades* da criança, no processo de aprendizagem da língua escrita – consideradas "deficiências" ou "disfunções", na perspectiva dos métodos tradicionais – passam a ser vistas como "erros construtivos", resultado de constantes reestruturações, no processo de construção do conhecimento da língua escrita.

É em decorrência dessas mudanças conceituais que o método passa a ser questionado: na verdade, são concepções diametralmente diferentes, e até conflitantes, do processo de aquisição da língua escrita que estão em jogo. Uma concepção associacionista do processo de aquisição da escrita considera o método fator determinante da aprendizagem, já que seria por intermédio da exercitação de habilidades hierarquicamente ordenadas que a criança aprenderia a ler e a escrever; uma concepção psicogenética, ao contrário, considera ser o aprendiz o centro do processo, já que o vê como sujeito ativo que define seus próprios problemas e constrói, ele mesmo, hipóteses e estratégias para resolvê-los. Nessa segunda perspectiva, o método de ensino, em sua concepção tradicional, pode mesmo ser prejudicial, na medida em que bloqueie ou dificulte os processos de aprendizagem da criança.

> É comum atribuir-se um sentido pejorativo ao adjetivo "tradicional" que, neste parágrafo, como em outros trechos deste texto, não se pretende que ele tenha; aqui, ele caracteriza, de forma descritiva e não avaliativa, os métodos praticados anteriormente (e mesmo contemporaneamente) à introdução do novo paradigma de que neste texto se fala, métodos que um dia foram, eles também, "novos" – é preciso não esquecer que aquilo que, em determinado momento histórico, é considerado "novo" acaba por tornar-se também "tradicional", quando outros "novos" surgem.

Portanto: transformar a afirmação da busca de um método de alfabetização – *alfabetização: em busca de um método* – em interrogação – *alfabetização: em busca de um método?* – expressa, como afirmei, uma radical mudança de paradigma na concepção do processo de alfabetização.

Entretanto, é muito significativo verificar que a afirmação se fez *interrogação*, e não *exclamação*. A exclamação – *alfabetização: em busca de um método!* – expressaria estranheza diante de uma preocupação com o método, na alfabetização, traria em si a ideia de que não seria nem mesmo admissível a busca de um método de alfabetização. Ao contrário da exclamação, a interrogação permite a dúvida: estamos em busca de um método de alfabetização? É preciso buscar um método de alfabetização?

Por que a dúvida? Se aí está a teoria psicogenética, a demonstrar que a criança é que aprende a ler e a escrever, não é o método que ensina a ler e escrever? Por que não reagir, pois, com uma exclamação de perplexa surpresa à busca de um método de alfabetização? Em outras palavras: por que não me propuseram, como tema para esta exposição, a *crítica* à busca de um método de alfabetização, o que significaria uma atitude "exclamativa" diante dessa busca, em vez de me solicitarem a discussão (a resposta?) de uma pergunta sobre a pertinência, a necessidade, a possibilidade de buscar um método de alfabetização?

Acredito que, neste momento de prevalência conceitual da Psicogênese, a razão de estarmos nos perguntando a respeito de um método de alfabetização, em vez de estarmos rejeitando métodos de alfabetização, está na teleologia que a escola e, consequentemente, a prática pedagógica nos impõem. A escola é essencialmente teleológica: por delegação da sociedade, e com sua sanção, a função da escola é levar as novas gerações à apropriação da cultura considerada "legítima", cultura de que um dos componentes primeiros é a língua escrita (e o adjetivo "primeiros" é aqui usado em seus dois sentidos: o cronológico, que indica a posição da aprendizagem da língua escrita na sequência dos conteúdos culturais a serem adquiridos; e o valorativo, que indica o prestígio dessa aprendizagem, no conjunto dos conteúdos a que essa aprendizagem visa).

Embora sendo apenas *uma* instância, entre as muitas que inculcam a cultura "legítima" (ou ideologicamente legitimada) às novas gerações, a escola se diferencia dessas outras instâncias pela organicidade e sistematicidade de sua ação, organicidade e sistematicidade que lhe são impostas por seu caráter teleológico: a escola delimita os conteúdos culturais a serem transmitidos, realizando recortes que selecionam determinados componentes culturais, excluindo, correlativamente, outros; a escola homogeneiza, sistematiza e codifica os conteúdos culturais selecionados; a escola fixa a duração do tempo em que deve ocorrer a apropriação de cada um desses conteúdos selecionados (o bimestre, o semestre, o ano letivo, a série, o grau de ensino); a escola avalia o nível de realização dessa apropriação em momentos preestabelecidos, intraescolares e extraescolares. E ainda em virtude do caráter teleológico que a sociedade lhe atribui, a escola se vê obrigada a essa seleção dos conteúdos culturais que transmite, à sua homogeneização, sistematização e codificação, à marcação e seccionamento do tempo e de sua distribuição, à avaliação periódica do nível de sua apropriação, não em função dos interesses do sujeito aprendiz, de suas características, de seu ritmo, das peculiaridades de seu processo particular de sucessivas reconstruções do conhecimento, mas em função de determinados resultados que devem ser obtidos em grau considerado aceitável, no fim de um período de tempo prefixado.

> Atualmente, quando já outra legislação da educação (Lei n. 9.394, de dezembro de 1996) veio substituir a que vigorava na época da produção deste texto (Lei n. 5.692, de agosto de 1971), seria necessário acrescentar o *ciclo*, ao lado de bimestre, semestre, série, que ainda perduram, assim como também, naturalmente, perduram o ano letivo e os graus ou níveis de ensino. A este propósito convém lembrar que, por mais que se busque flexibilizar os currículos e a organização do tempo escolar, por mais que se reconceitualize e diversifique a avaliação da aprendizagem, a natureza teleológica da escola lhe impõe, inevitavelmente, a organicidade e sistematicidade de ações de que fala este parágrafo.

Essas são as condições *objetivas* a que a escola está *submetida*, e que se explicam pela destinação historicamente atribuída, pela sociedade, a essa instância educativa – quando falo disso, portanto, estou falando daquilo que ela *é*, não daquilo que ela deveria ser, ou poderia ser, ou eu gostaria que fosse.

Como conciliar os princípios de uma perspectiva psicogenética da aprendizagem da leitura e da escrita com essas condições institucionais de ortodoxia da escola? Como permitir à criança interação livre e prolongada com a escrita, facultando-lhe progressivas e não previsíveis nem programáveis construções e reconstruções de estruturas cognitivas, exploração das hipóteses que vai levantando, experimentação das estratégias que vai descobrindo, se há determinadas habilidades cujo domínio deve ser demonstrado, em nível preestabelecido e em tempo prefixado?

A necessidade, associada à dificuldade dessa conciliação, é que não nos permite a ingenuidade de rejeitar, sem o sentimento da dúvida, a busca de um método de alfabetização; por isso é que não exclamamos, com perplexa surpresa – *alfabetização: em busca de um método!* –, mas perguntamos, com ansiosa expectativa – *alfabetização: em busca de um método?*

Essa "ansiosa expectativa" por uma resposta metodológica para o problema de ensinar a criança a ler e a escrever está comprovada nos dados obtidos na pesquisa, já mencionada, sobre a produção acadêmica e científica a respeito da alfabetização, no Brasil, nas últimas quatro décadas (Soares, 1989). A Tabela I mostrou a predominância do tema *método* (denominação atribuída, para fins da pesquisa, aos paradigmas didáticos tradicionais – cf. nota 1) nos anos 1950 e 1960, e seu progressivo e acentuado decréscimo, nos anos 1970 e 1980. Ora, nesses anos 1970 e, sobretudo, 1980, cresce significativamente a produção sobre o tema *proposta didática* (denominação atribuída, para fins da pesquisa, a novos paradigmas didáticos que rejeitam ou buscam superar os modelos metodológicos tradicionais). A Tabela III amplia a Tabela I, comprovando essa afirmação:

Tabela III – Temas MÉTODO e PROPOSTA DIDÁTICA na produção sobre alfabetização no Brasil, por década (1950-1986)

Década Tema	50-59 Nº	%	60-69 Nº	%	70-79 Nº	%	80-86 Nº	%	Total Nº	%
Método	4	33	3	25	6	14	6	4	19	8
Prop. Did.	1	8	-	-	4	10	33	20	38	17
Outros (13)	7	59	9	75	32	76	125	76	173	75
Total	12	100	12	100	42	100	164	100	230	100

Fonte: SOARES, 1989.

A tabela evidencia que a produção sobre o tema *proposta didática*, quase ausente nos anos 50, 60 e 70 – período em que não se cogitava de outras alternativas metodológicas, na área de alfabetização, além dos métodos analíticos e sintéticos – tem presença marcante nos anos 80, representando *um quinto* da produção total sobre alfabetização, nesses anos: a já discutida mudança radical de paradigma conceitual ocorrida, nos últimos anos, na área de alfabetização (cf. Tabela II), rejeitando a dicotomia análise/síntese como explicativa do processo de aprendizagem da língua escrita, rejeita também, coerentemente, os métodos de alfabetização fundamentados nessa dicotomia. Mas busca outros paradigmas metodológicos, o que justifica a pergunta que é o tema desta exposição – *alfabetização: em busca de um método?*

E que resposta dar, então, a essa pergunta? Corajosamente, como anunciei no início desta exposição, atrevo-me a responder que sim, que estamos, sim, em busca de um método de alfabetização: rejeitamos, não há dúvida, os métodos tradicionais de alfabetização, já não podemos aceitá-los, mas a tarefa de conciliar nossa nova compreensão do processo pelo qual a criança aprende a ler e a escrever com as condições objetivas de possibilidade da escola nos impõe a busca de diretivas que não só nos salvem do espontaneísmo, a que pode levar uma interpretação equivocada e ingênua da perspectiva psicogenética, mas sobretudo que nos proteja da ambiguidade conceitual, a que pode nos levar à ortodoxia da escola.

É preciso, porém, começar por esclarecer o que estou entendendo por "método", quando afirmo que estamos, sim, em busca de um método.

A discussão sobre método de alfabetização é hoje, difícil, porque se apresenta sempre contaminada por duas questões. Em primeiro lugar, o fato de que o problema da aprendizagem da leitura e da escrita tenha sido considerado, no quadro dos paradigmas conceituais tradicionais, como um problema, sobretudo metodológico, tem levado a que se rejeitem métodos de alfabetização ao mesmo tempo em que se rejeitam esses paradigmas que já não mais são aceitos. Em segundo lugar, e em estreita relação com a questão anterior, "método", na área da alfabetização, tornou-se um conceito estereotipado: quando se fala em "método" de alfabetização, identifica-se, imediatamente, "método" com os tipos tradicionais de métodos – sintéticos e analíticos (fônico, silábico, global etc.), como se esses tipos esgotassem todas as alternativas metodológicas na aprendizagem da leitura e da escrita, e mais: como se "método" fosse sinônimo de manual, de artefato pedagógico que tudo prevê e que transforma o ensino em uma aplicação rotineira de procedimentos e técnicas.

Ora, método, na área do ensino, é um conceito genérico sob o qual podem ser abrigadas tantas alternativas quanto quadros conceituais existirem ou vierem a existir. Particularmente no campo do ensino das línguas (materna ou estrangeira, oral ou escrita), um "método" é a soma de ações baseadas em um conjunto coerente de princípios ou de hipóteses psicológicas, linguísticas, pedagógicas, que respondem a objetivos determinados. Um método de alfabetização será, pois, o resultado da determinação dos *objetivos* a atingir (que conceitos, habilidades, atitudes caracterizarão a pessoa alfabetizada?), da opção por certos *paradigmas conceituais* (psicológico, linguístico, pedagógico), da definição, enfim, de *ações, procedimentos, técnicas* compatíveis com os objetivos visados e as opções teóricas assumidas.

No quadro dessa concepção de "método", é evidente que não são incompatíveis um paradigma conceitual psicogenético e método de alfabetização. Emilia Ferreiro e Ana Teberosky, quando criticam, em sua obra *Psicogênese da língua escrita* (Ferreiro e Teberosky, 1985), métodos de alfabetização, referem-se aos "métodos tradicionais" (terminologia que utilizam várias vezes, e que aparece, mesmo, como subtítulo de uma das partes do capítulo 1), rejeitam as "proposições metodológicas tributárias de concepções empiristas da aprendizagem" (p. 277), mas não negam a possibilidade do método. "No que diz respeito à discussão sobre os métodos, afirmam, já assinalamos [...] que essa querela é insolúvel, a menos que conheçamos quais são os processos de aprendizagem do sujeito, processos que tal ou qual metodologia pode favorecer, estimular ou bloquear" (p. 26). A locução prepositiva *a menos que* deixa claro que apenas em determinadas condições a querela sobre métodos de alfabetização é insolúvel: quando não se tomam como quadro de referência os processos de aprendizagem do sujeito; e a citação deixa também claro que, se uma metodologia pode *bloquear* esses processos, pode também *favorecê-los, estimulá-los*.

Também Kenneth Goodman, outro importante investigador dos processos de aprendizagem da escrita, pela criança, no quadro de um referencial psicogenético, não rejeita a discussão metodológica; partindo de uma teoria da aprendizagem e de uma teoria da linguagem, sobre as quais constrói uma concepção de ensino, do currículo e da aula de língua, propõe "um caminho" para a aprendizagem da leitura e da escrita, a que denomina "linguagem integral" (*whole language*), cujos princípios sistematiza, indicando atividades e materiais didáticos com eles compatíveis (Goodman, 1990). Um "caminho" que é, pois, uma proposta metodológica, tanto assim que já se encontra, na bibliografia recente, a proposta de um *"método* integral de alfabetização" (cf. Freeman, 1988).

Aliás, não são poucas as propostas metodológicas que têm surgido, sugerindo orientação pedagógica coerente com o paradigma conceitual da Psicogênese. O livro *Os filhos do analfabetismo*, em que Emilia Ferreiro apresenta os resultados de um encontro latino-americano realizado no México em 1987 (Ferreiro, 1990), é, todo ele, uma apresentação e discussão de "propostas" para a alfabetização (o subtítulo do livro expressa, com clareza, o objetivo do encontro e do livro: *propostas para alfabetização escolar na América Latina*).

Ana Teberosky publicou, em 1989, *Psicopedagogia da linguagem escrita*, na qual apresenta "uma série de propostas de situações de ensino-aprendizagem da linguagem escrita para crianças de 5 a 8 anos", propostas voltadas para o objetivo de "conjugar as ideias das crianças com os requisitos do ensino", entendidos como "o imperativo do professor para fazer as crianças avançarem" (Teberosky, 1989: 13). A mesma Ana Teberosky, juntamente com Beatriz Cardoso, organiza e publica relatos de experiências de professoras de uma escola, que desenvolvem sua prática de ensino da leitura e da escrita numa perspectiva psicogenética, descrevendo e analisando "uma proposta de atuação conjunta entre professores e formador de professores", com o "objetivo de promover uma situação que fornecesse a formação do professorado e orientasse o trabalho dentro da sala de aula" (Teberosky e Cardoso, 1989: 14). Também pesquisadores e professores brasileiros vêm apresentando proposições metodológicas para uma prática pedagógica informada pelo paradigma psicogenético: a Tabela III mostrou o grande número de textos, cujo tema é uma *proposta didática*, na produção acadêmica e científica sobre alfabetização, nos anos 1980 – são, em sua grande maioria, ou defesa de um paradigma psicogenético para a alfabetização, ou relatos de experiências bem-sucedidas de ensino da leitura e escrita fundamentadas nesse paradigma. E é preciso não esquecer a obra publicada recentemente por Esther Grossi, *Didática da alfabetização* (Grossi, 1990), constituída de três volumes corajosamente intitulados *Didática do nível pré-silábico* (v. 1), *Didática do nível silábico* (v. 2) e *Didática do nível alfabético* (v. 3), nos quais pretende extrair *aplicações didáticas das descobertas cognitivas* (Grossi, 1990, v. 2: 12).

> Como se afirma no parágrafo, já à época em que foi produzido este texto, momento ainda inicial da introdução do novo paradigma na área da alfabetização, não eram poucas as publicações sugerindo propostas metodológicas para uma alfabetização no quadro conceitual da psicogênese – são indicadas e comentadas, no parágrafo seguinte, apenas algumas das que, naquele momento, causavam maior impacto. Na década subsequente à produção e publicação deste texto, multiplicaram-se as obras de orientação pedagógica e metodológica para a alfabetização com pressupostos "construtivistas"; elas são, atualmente, tão numerosas que é impossível referenciar aqui até mesmo as mais significativas.

É interessante notar como, em toda essa bibliografia preocupada em apresentar orientações pedagógicas, proposições metodológicas para o ensino da leitura e da escrita, numa perspectiva psicogenética, procura-se evitar o termo *método*, substituindo-o por *proposta*. É preciso, porém, advertir: essa estratégia não será mais do que uma mera "substituição" de termos se se atribui a *método* o sentido que propus: soma de ações baseadas em um conjunto coerente de princípios ou de hipóteses psicológicas, linguísticas, pedagógicas, que respondem a objetivos determinados; se, porém, se atribui a *método* o conceito estereotipado que esse termo adquiriu, isto é, método de alfabetização identificado com os tipos tradicionais de métodos – sintéticos e analíticos (fônico, silábico, global etc.), e que é confundido com manual, conjunto de prescrições geradoras de uma prática rotineira, não será apenas uma substituição de termos, mas uma radical mudança conceitual. Neste caso, a diferença entre *método* e *proposta* será aquela que Margarita Gomes Palacio aponta, em *Os filhos do analfabetismo*, obra anteriormente citada: "a diferença entre método e proposta reside no fato de que o primeiro está centrado no processo que o professor deve seguir e a proposta de aprendizagem, no processo que a criança realiza" (Ferreiro, 1990: 100).

Mas é preciso não ter medo do método; diante do assustador fracasso escolar, na área da alfabetização, e considerando as condições atuais de formação do professor alfabetizador, em nosso país, estamos, sim, em busca de um método, tenhamos a coragem de afirmá-lo. Mas de um método no conceito verdadeiro desse termo: método que seja o resultado da determinação clara de *objetivos* definidores dos conceitos, habilidades, atitudes que caracterizam a pessoa alfabetizada, numa perspectiva psicológica, linguística e também (e talvez sobretudo) social e política; que seja, ainda o resultado da opção pelos *paradigmas conceituais* (psicológico, linguístico, pedagógico)

> Sobre a perspectiva social e política do método de alfabetização, não discutida neste texto, ver os textos da terceira parte desta coletânea.

que trouxeram uma nova concepção dos processos de aprendizagem da língua escrita pela criança, compreendendo esta como sujeito ativo que constrói o conhecimento, e não ser passivo que responde a estímulos externos; que seja, enfim, o resultado da definição de *ações, procedimentos, técnicas* compatíveis com esses objetivos e com essa opção teórica.

Sem proposições metodológicas claras, estamos correndo o risco de ampliar o fracasso escolar, ou porque rejeitamos os tradicionais métodos, em nome de uma nova concepção da aprendizagem da escrita e da leitura, sem orientar os professores na "tradução" dos resultados gerados pelas pesquisas em uma prática renovada na sala de aula, ou porque não saberemos resolver o conflito entre uma concepção construtivista da alfabetização e a ortodoxia da escola, ou, finalmente, porque podemos incorrer no espontaneísmo, considerando, por falta de suficiente formação teórica, *qualquer* atividade como atividade intelectual, e *qualquer* conflito como conflito cognitivo. E não temos o direito de submeter, mais uma vez, as crianças brasileiras a tentativas fracassadas de lhes dar acesso ao mundo da escrita e da leitura.

Atualmente, um relativo distanciamento histórico talvez já permita tentar uma análise e avaliação das razões por que, apesar da ampla difusão e aceitação do paradigma "construtivista", persiste o reiterado fracasso da escola brasileira em alfabetizar, hoje incontestavelmente comprovado por avaliações nacionais, estaduais, municipais e, frequentemente, denunciado na mídia. Múltiplas razões, de várias naturezas, podem e devem ser invocadas como explicação para esse fracasso; limitando-se, porém, a discussão apenas à questão, neste texto discutida, dos paradigmas para o desenvolvimento do processo de ensino e de aprendizagem da língua escrita, pode-se levantar a hipótese de que uma das possíveis razões do fracasso da escola em alfabetizar, além da discutida neste texto – a dúvida que o "construtivismo" trouxe em relação à possibilidade de um método de alfabetização –, é que esse paradigma se tornou hegemônico, tendo-se consequentemente desconsiderado a necessidade de sua complementação e integração com paradigmas linguísticos, já que a alfabetização não é somente um processo de conceitualização da escrita, que a psicogênese descreve e explica, mas é também, e simultaneamente, um processo de apropriação de um *objeto linguístico* – a língua escrita, objeto e processo que as ciências linguísticas descrevem e explicam.

NOTA

[1] O termo *método* foi utilizado, na pesquisa mencionada no parágrafo, em sentido restrito, isto é, foram englobados, sob a denominação de método, apenas os paradigmas didáticos tradicionalmente considerados na teoria e na prática da alfabetização: os chamados "métodos analíticos" e "métodos sintéticos", em suas diversas modalidades (método fônico, silábico, palavração, método global, método eclético etc.). Cf., adiante, a proposta de uma outra concepção de método.

REFERÊNCIAS BIBLIOGRÁFICAS

FERREIRO, Emilia; TEBEROSKY, Ana. *Psicogênese da língua escrita*. Trad. Diana Myriam Lichtenstein, Liana Di Marco e Mário Corso. Porto Alegre: Artes Médicas, 1985.

_____. (org.). *Os filhos do analfabetismo*: propostas para a alfabetização escolar na América Latina. Trad. Maria Luíza Marques Abaurre. Porto Alegre: Artes Médicas, 1990.

FREEMAN, Yvonne S. "Métodos de lectura en español: reflejan nuestro conocimiento actual del proceso de lectura?". *Lectura y Vida*. Buenos Aires, v. 9, n. 3, set. 1988, pp. 20-7.

GOODMAN, Kenneth. "El lenguaje integral: um camino facil para el desarollo del lenguaje". *Lectura y Vida*. Buenos Aires, v. 11, n. 2, jun. 1990, pp. 5-13.

GROSSI, Esther Pillar. *Didática da alfabetização*. Rio de Janeiro: Paz e Terra, 1990. 3v.

SOARES, Magda Becker. *Alfabetização no Brasil*: o estado do conhecimento. Brasília: REDUC/INEP, 1989.

TEBEROSKY, Ana. *Psicopedagogia da linguagem escrita*. Trad. Beatriz Cardoso. São Paulo: Trajetória Cultural; Campinas, SP: Editora da Unicamp, 1989.

_____.; CARDOSO, Beatriz (orgs.). *Reflexões sobre o ensino da leitura e da escrita*. Trad. Beatriz Cardoso. São Paulo: Trajetória Cultural; Campinas, SP: Editora da Unicamp. 1989.

O que funciona na alfabetização?

Este artigo foi solicitado pela Comissão Editorial de *Pátio* – Revista Pedagógica para integrar um conjunto de textos em torno do tema "O que realmente funciona em educação", publicado no n. 47, ago./out. 2008. Data, pois, do final da década 2000 a publicação deste texto, que tratou o tema, como solicitado, focalizando, no campo mais amplo da educação, a alfabetização. Cronologicamente, este texto, ao lado do que se segue a ele, é um dos mais recentes neste livro: publicado em 2008, distancia-se em mais de vinte anos do texto mais antigo, datado de 1985 (o primeiro, "As muitas facetas da alfabetização"). Pode-se considerar surpreendente que, passadas mais de duas décadas, os problemas que então a alfabetização apresentava, discutidos naquele texto, ainda tenham sido discutidos neste, e não só neste, mas também nos demais textos aqui presentes, cujas datas de publicação se estendem dos anos 1980 aos anos 2000; e, acrescente-se, problemas ainda presentes no momento em que se publica este livro, segunda década do século XXI. Assim, a pergunta que dá título a este texto continua atual: se respostas têm sido dadas, são sempre objeto de contestações, divergências, controvérsias. E talvez por isso persista o fracasso em alfabetizar as crianças brasileiras. Este texto não pretende dar uma resposta à pergunta, mas suscitar uma reflexão sobre possíveis causas dos debates, divergências e controvérsias, com o intuito de assim melhor compreendê-los, o que talvez seja necessário para enfim ser encontrada a resposta à pergunta que nomeia este texto.

O título deste texto interroga, não afirma. Mas interroga não para anunciar ou prometer uma resposta à pergunta, mas para propor uma reflexão sobre o que determina o sucesso ou o fracasso no processo de alfabetização. Trata-se de questão que vem suscitando debates e polêmicas, e não só nas áreas específicas da pesquisa acadêmica e das práticas escolares: a mídia tem reiteradamente denunciado os níveis insatisfatórios de leitura e escrita de crianças e jovens, as políticas educacionais – nacional, estaduais, municipais – têm multiplicado programas e projetos de enfrentamento dos problemas de ensino e aprendizagem da língua escrita nas escolas.

Se a questão não é nova, já que o processo de alfabetização tem sido objeto de críticas, dúvidas, controvérsias desde que se democratizou o acesso à escola, ela ganha intensidade neste início do século XXI, em decorrência, sobretudo, de dois fatores: de um lado, as evidências de fracasso na aprendizagem da língua escrita que vêm sendo reveladas por sucessivas avaliações externas à escola – avaliações estaduais, nacionais e internacionais dos níveis de domínio da leitura e escrita pelos alunos do ensino básico; de outro lado, as mudanças conceituais e teóricas sobre a aprendizagem inicial da língua escrita decorrentes de novos olhares que as ciências psicológicas e linguísticas têm lançado, nas últimas duas ou três décadas, sobre essa aprendizagem. Ou seja: entre dados empíricos, que demonstram a ineficiência do processo de alfabetização, e novas propostas conceituais e teóricas, vem se configurando o que talvez se possa

> A referência é às décadas 1980, 1990, 2000, período em que se multiplicaram estudos e pesquisas sobre o processo de alfabetização, nas perspectivas cognitiva e linguística. Acrescente-se a década 2010, em que novos estudos e pesquisas têm sido desenvolvidos, em um progressivo esclarecimento dos fundamentos teóricos do ensino da língua escrita.

denominar uma "crise" teórica e metodológica na área do ensino para a aprendizagem inicial da língua escrita pela criança – divergências e confrontos em torno de *o que funciona na alfabetização*.

Uma análise dos argumentos que sustentam os debates e as polêmicas geradores dessa "crise" revela que são duas as principais fontes de discordância: a primeira e principal é o próprio conceito de alfabetização – *o que* se ensina; a segunda, decorrência da primeira, é a questão do método, ou métodos, para fazer *funcionar* a aprendizagem inicial da língua escrita – *como* se ensina.

O QUE SE ENSINA, QUANDO SE ENSINA A LER E A ESCREVER?

A plena inserção no mundo da escrita, pelo exercício competente da leitura e da escrita, envolve pelo menos três complexas dimensões que se articulam e se complementam: uma dimensão linguística – a conversão da oralidade em escrita; uma dimensão cognitiva –, as atividades da mente em interação tanto com o sistema de escrita, no processo de aquisição do código, quanto com o texto em sua integridade, no processo de produção de significado e sentido; e uma dimensão sociocultural – a adequação das atividades de leitura e escrita aos diferentes eventos e práticas em que essas atividades são exercidas.

> Por *dimensão linguística* entende-se todas as facetas linguísticas da alfabetização, sobretudo as facetas: fonética e fonológica, morfossintática, sociolinguística, textual, discursiva.

> Por *dimensão cognitiva* entende-se as diferentes vertentes psicológicas em que a alfabetização é objeto de estudo: sobretudo as vertentes cognitiva, psicogenética, do desenvolvimento.

A complexidade do processo gera divergências sobre qual deve ser o objeto da alfabetização. Há os que consideram que o objeto é o processo linguístico e cognitivo de aquisição da tecnologia da escrita – domínio dos sistemas alfabético e ortográfico de escrita, e das convenções que governam o uso desses sistemas. Por outro lado, há os que consideram que, sendo a finalidade da leitura e da escrita a construção de significados e sentidos dos materiais escritos que circulam em práticas socioculturais, o objeto da aprendizagem da língua escrita é, desde o seu primeiro momento, a compreensão, na leitura, e a utilização, na escrita, de numerosos e variados gêneros e portadores de texto, vivenciados em diferentes contextos, visando a diferentes objetivos e a diferentes destinatários. Finalmente, há os que, julgando inconveniente e mesmo impossível fragmentar um processo cujos componentes se inter-relacionam e se interconectam, consideram que o objeto da alfabetização é a língua escrita em sua inteireza, envolvendo todas as suas dimensões e componentes.

Naturalmente, as divergências quanto ao objeto da alfabetização – *o que se ensina quando se ensina a ler e escrever* – determinam divergências quanto aos métodos de alfabetização – *como* se deve ensinar a ler e a escrever, e, consequentemente, divergências quanto aos resultados da alfabetização – *o que funciona* na alfabetização.

COMO SE DEVE ENSINAR A LER E A ESCREVER?

As divergências quanto ao objeto do processo de alfabetização estão na origem do debate sobre o modelo de instrução adequado para conduzir a aprendizagem inicial da língua escrita a bons resultados – *o que funciona* na alfabetização.

De um lado, tomando como objeto da aprendizagem inicial da língua escrita os sistemas alfabético e ortográfico, sustenta-se que o método de alfabetização – *o que funciona* na alfabetização – é o ensino sistemático e explícito desses sistemas, a partir de palavras, sentenças ou textos intencionalmente construídos para evidenciar as relações fonema-grafema, alicerce necessário ao desenvolvimento *posterior* das habilidades de compreensão e de uso competente da língua escrita nas práticas sociais.

De outro lado, tomando como objeto da alfabetização a interação compreensiva com material escrito, sustenta-se que, ao contrário, o método – *o que funciona* na alfabetização – é o desenvolvimento do processo de compreensão de textos e de uso adequado da língua escrita nas práticas sociais, por meio de material escrito autêntico, real, base a partir da qual a criança irá construindo, progressivamente, por imersão, e de forma acidental e indutiva, o conhecimento e domínio das relações fonema-grafema.

Uma terceira posição é proposta por aqueles que, considerando que o objeto da alfabetização é a totalidade do processo – e que a polarização quer na aprendizagem dos sistemas alfabético e ortográfico quer no desenvolvimento da compreensão e dos usos da língua escrita representa uma abordagem unidimensional de um processo essencialmente multidimensional –, sustentam que a aprendizagem da língua escrita deve envolver, de forma simultânea e integrada, a apropriação da tecnologia da escrita – essencialmente, do sistema de relações fonema-grafema –, a leitura compreensiva e a produção de textos de diferentes gêneros, e os usos da escrita em experiências reais de leitura e de escrita. A fragmentação do processo em etapas sequenciais – primeiro aprender a ler e escrever, só depois realmente ler e escrever, ou, ao contrário, primeiro envolver-se com a leitura e a escrita, para que desse envolvimento decorra, como subproduto, a aprendizagem do sistema de escrita – teria como consequência levar a criança a uma concepção distorcida e parcial da natureza e funções da língua escrita em nossa cultura. Nessa perspectiva, *o que funciona* na alfabetização seria o ensino integrado das múltiplas dimensões da aprendizagem da língua escrita.

O QUE FUNCIONA NA ALFABETIZAÇÃO – PARA ALÉM DE CONCEITOS E MÉTODOS

Diante das divergências sobre *o que* se ensina e *como* se ensina na alfabetização, pode-se compreender por que, no início deste artigo, afastou-se a expectativa de uma resposta à pergunta que dá título ao texto. No intuito de descrever, e não prescrever, procurou-se evidenciar que a pergunta tem recebido diferentes respostas e que estas estão condicionadas pelo conceito de alfabetização que o respondente adote, conceito que determina, para ele, *o que funciona na alfabetização* – o método considerado capaz de conduzir a alfabetização a bons resultados.

Cabe agora concluir afirmando que *o que funciona na alfabetização* não pode reduzir-se a uma escolha entre conceitos e métodos. E também não pode ser decidido apenas avaliando conceitos e métodos com base na quantidade e qualidade dos fundamentos teóricos e empíricos em que cada conceito e cada método se sustentam porque, embora conflitantes, cada uma das diferentes respostas a *o que funciona na alfabetização* é construída a partir de teorias linguísticas e psicológicas com legitimidade na área científica e de resultados de pesquisas consistentes que as apoiam ou as constroem.

Em busca de resposta a *o que funciona na alfabetização*, à reflexão sobre conceitos e métodos, é necessário que se acrescente uma reflexão sobre o objetivo que se persegue, quando se busca um bom "funcionamento" na alfabetização – que se acrescente um *para que* ao *o que* e ao *como*. O que funciona em alfabetização *para quê?* Para que a criança se torne capaz de codificar e decodificar material escrito? Para que a criança desenvolva habilidades de interação com a escrita como instrumento de produção de significados e sentidos? Para que a criança se insira plenamente no mundo da escrita, em todas as suas dimensões e usos?

A resposta a essas perguntas não pode fundamentar-se apenas em julgamento científico e técnico, mas também, e talvez sobretudo, em julgamento de valor, uma vez que, no ensino, para além de se determinar o que é *efetivo*, é preciso definir o que é educacionalmente *desejável* – neste caso, a plena inserção da criança nas sociedades e culturas grafocêntricas em que vivem e viverão.

Educação infantil: alfabetização e letramento

Este texto foi publicado no periódico *Pátio – Educação Infantil*, ano VII, n. 20, jul./out. 2009. Assim, produzido e publicado em 2009, é, cronologicamente, o texto mais recente nesta coletânea, e é, não por acaso, contemporâneo da emenda constitucional que, datada do mesmo ano de 2009, assegurou educação básica obrigatória e gratuita dos 4 aos 17 anos. A partir dessa data, foi sendo regulamentada, ao longo dos anos seguintes, a nova posição da educação infantil no sistema educacional brasileiro, considerada, na Lei de Diretrizes e Bases da Educação de 1996, como "primeira etapa da educação básica", lei alterada em 2013 por emenda que determinou a "matrícula obrigatória e gratuita" na educação básica das crianças aos 4 anos de idade, assim consolidando-se, finalmente, a integração da educação infantil à educação básica. Durante todo esse período, e até o momento atual, essa integração da educação infantil à educação básica tem suscitado incessantes dúvidas e incertezas sobre a natureza, os objetivos, o próprio conceito de educação infantil quando considerada segmento obrigatório da educação básica. Um dos principais, talvez o principal objeto de dúvidas e incertezas, tem sido a questão da inclusão, ou não, de atividades de alfabetização nessa primeira etapa da educação básica. Este texto expressa posição assumida, já em 2009, a respeito da possibilidade e, mais que isso, da necessidade de que a criança seja introduzida, na educação infantil, à alfabetização, como também ao letramento, posição ainda não consensual na área educacional brasileira, e ainda objeto de divergências e polêmicas na data em que se publica este livro.

O título deste artigo já propõe as duas premissas em que se apoia a argumentação que nele se desenvolverá. Em primeiro lugar, o título é uma afirmação, não uma pergunta: não se propõe uma dúvida – alfabetização e letramento na educação infantil? – mas *afirma-se* a presença da alfabetização e do letramento na educação infantil. Em segundo lugar, a conjunção que liga os dois termos – alfabetização, letramento – é uma aditiva, não uma alternativa: alfabetização *e* letramento, não alfabetização *ou* letramento, reconhecendo-se, assim, que uma e outro têm, ou devem ter, presença na educação infantil. Cabe, inicialmente, fundamentar essas duas premissas.

A necessidade de fundamentar a primeira premissa – a afirmação da presença de alfabetização e letramento na educação infantil – justifica-se porque, até muito recentemente, assumia-se que a criança só poderia dar início a seu processo de aprendizagem da leitura e da escrita em determinada idade e, consequentemente, em determinado momento de sua educação institucionalizada: entre nós, no Brasil, aos 7 anos, idade da entrada no primeiro ano do ensino fundamental. Quando havia a possibilidade de educação institucionalizada antes disso, ela ocorria no então denominado, significativamente, "jardim da infância", uma metáfora que revela o objetivo que essa etapa perseguia: cuidar das crianças, para que crescessem e amadurecessem, como em um jardim se cuida das plantas para que cresçam e cheguem à floração... e nesse "jardim" não deveria haver "letras", pois considerava-se prematuro dar às crianças acesso à língua escrita antes dos 7 anos.

No entanto, já no início dos anos 1980, Emilia Ferreiro, em seu livro *Reflexões sobre alfabetização*, criticava o falso pressuposto que subjaz à determinação de idade e série

> Em 2010, portanto no ano seguinte à publicação deste artigo, o ensino fundamental foi ampliado para nove anos de duração, antecipando-se a idade de entrada para 6 anos, o que está em vigor desde então.

> *Reflexões sobre alfabetização* (publicado, em 1985, pela Cortez) foi o primeiro livro de Emilia Ferreiro a divulgar sua teoria no Brasil, acompanhado da publicação, logo em seguida, no mesmo ano de 1985, da obra que, em coautoria com Ana Teberoski, relata a pesquisa que identificou a progressiva conceitualização da língua escrita por crianças entre 4 e 6 anos (na faixa etária, portanto, da educação infantil): FERREIRO, Emilia; TEBEROSKI, Ana. *Psicogênese da língua escrita*. Porto Alegre: Artes Médicas.

de escolarização para que a criança tenha acesso à língua escrita: o pressuposto de que os adultos é que decidem quando esse acesso pode ser permitido. Pressuposto falso porque, nos contextos grafocêntricos em que vivemos, as crianças convivem com a escrita – umas, mais, outras, menos, dependendo da camada social a que pertençam, mas *todas* convivem – muito antes de chegar ao ensino fundamental, e antes mesmo de chegar a instituições de educação infantil, e nessa convivência vão construindo sua alfabetização e seu letramento: seu conceito de língua escrita, das funções do ler e do escrever, seu conhecimento de letras e números, a diferenciação entre gêneros e portadores de textos – as informações que veem os adultos buscarem em rótulos, as histórias que lhes são lidas em um livro, em uma revista, os bilhetes que as pessoas escrevem ou leem... Além de conceitos e conhecimentos, as crianças vão também construindo, em seu contexto social e familiar, interesse pela leitura e pela escrita e desejo de acesso ao mundo da escrita.

Diante disso, colocar em dúvida a possibilidade ou conveniência da presença de alfabetização e letramento nas instituições de educação infantil é desconsiderar que a criança já chega a ela em pleno processo de alfabetização e letramento: é desconhecer o contexto cultural em que a criança está imersa fora das paredes da instituição, é rejeitar o que ela já traz de conceitos e conhecimentos, é ignorar o interesse que ela tem por ampliar seu convívio com a escrita.

> Talvez essa dúvida se explique por ainda não se ter efetuado de forma plena a necessária mudança do conceito e natureza da educação infantil em sua atual posição no sistema educacional brasileiro: primeira etapa da educação básica, posição a que se chegou pelo processo mencionado no texto de apresentação deste artigo.

Para fundamentar a segunda premissa – alfabetização *e* letramento têm, ou devem ter, presença na educação infantil –, torna-se necessário explicitar o que se entende aqui por alfabetização e por letramento.

No campo restrito da aprendizagem inicial da língua escrita, a palavra *letramento* se tornaria desnecessária se fosse possível impor um sentido ampliado à palavra *alfabetização*. Mas, como afirma o poeta Carlos Drummond de Andrade, "lutar com as palavras é a luta mais vã..." Na tradição da nossa língua, no senso comum, no uso corrente, e mesmo nos dicionários,

> O verso é do poema "O Lutador", publicado no livro *José*, 1942.

alfabetização é compreendida como, restritamente, a aprendizagem do sistema alfabético e das convenções para seu uso, a aprendizagem do ler e do escrever, verbos sem complemento; ampliar o significado dessa palavra para que designe mais que o que tradicionalmente e correntemente vem designando, seria uma *luta vã* contra um significado já consolidado na língua.

No entanto, é preciso reconhecer que o acesso inicial à língua escrita não se reduz ao aprender a ler e escrever, no sentido de aprender a grafar palavras e decodificar palavras – não se reduz à alfabetização, no sentido que é atribuído a essa palavra. É parte integrante e principal do acesso ao mundo da escrita, mesmo do acesso *inicial* a esse mundo, o aprender a fazer uso da leitura e da escrita: compreender o que é lido e escrever de forma que os outros compreendam o que se escreve; conhecer diferentes gêneros e diferentes portadores de textos e fazer uso deles, para ler e para escrever; participar adequadamente dos eventos de várias naturezas de que fazem parte a leitura ou a escrita. Em síntese, construir familiaridade com o mundo da escrita, adquirir competências básicas de uso da leitura e da escrita, desenvolver atitudes positivas em relação à importância e valor da escrita na vida social e individual. Na impossibilidade de determinar que a palavra *alfabetização* passe a significar não só a aprendizagem do sistema alfabético, mas também a aprendizagem dos usos sociais e culturais desse sistema, é que a "invenção" da palavra *letramento* se tornou necessária.

Assim, a segunda premissa anunciada no início deste artigo afirma que, na educação infantil, tanto devem estar presentes atividades de introdução da criança ao sistema alfabético e suas convenções – alfabetização – quanto devem estar presentes as práticas de uso social da leitura e da escrita – letramento.

ALFABETIZAÇÃO NA EDUCAÇÃO INFANTIL

Curiosamente, atividades em geral muito presentes na educação infantil – os rabiscos, os desenhos, os jogos, as brincadeiras de faz de conta – não são consideradas atividades de alfabetização, quando representam, na verdade, a fase inicial da aprendizagem da língua escrita, constituindo, segundo Vygotsky, a

> A referência é ao capítulo "A pré-história da linguagem escrita", do livro de Vygotsky *A formação social da mente*, primeira edição brasileira de 1984, Martins Fontes.

pré-história da linguagem escrita: quando atribui a rabiscos e desenhos ou a objetos a função de signos, a criança está descobrindo sistemas de representação, precursores e facilitadores da compreensão do sistema de representação que é a língua escrita. Essa vivência de representações semióticas, não propriamente linguísticas, é um primeiro passo em direção à representação da cadeia sonora da fala pela forma gráfica da escrita; assim, pode-se considerar que a Lili de Mário Quintana dá seus primeiros passos no processo de alfabetização no episódio seguinte:

> O texto citado, a que Mário Quintana dá o título de "Mentiras", é do livro *Sapato florido*, publicado em 1948, incluído em *80 anos de poesia*, obra que reúne os principais livros do poeta (1994, Globo).

> Lili vive no mundo do Faz de Conta... Faz de conta que isto é um avião. Zzzzuuu... Depois aterrissou em piqué e virou trem. Tuc tuc tuc tuc... Entrou pelo túnel, chispando. Mas debaixo da mesa havia bandidos. Pum! Pum! Pum! O trem descarrilou. E o mocinho? Onde é que está o mocinho? Meu Deus! onde é que está o mocinho?! No auge da confusão, levaram Lili para a cama, à força. E o trem ficou tristemente derribado no chão, fazendo de conta que era mesmo uma lata de sardinha.

Uma lata de sardinha que se torna um signo de representação de um trem é, na interpretação de Vygotsky, uma operação cognitiva precursora e preparatória do mais complexo e abstrato processo de atribuição de signos aos sons da fala, ou seja, do processo de conceitualização da escrita como um sistema de representação.

Essa fase considerada a *pré-história da escrita* explica por que a criança pequena supõe estar escrevendo quando está desenhando, ou quando está fazendo rabiscos, garatujas, neste caso muitas vezes tentando imitar a escrita cursiva dos adultos, o que já representa um avanço em seu processo de alfabetização – um reconhecimento da natureza arbitrária da escrita. É o primeiro nível, entre os níveis por que passam as crianças em seu processo de conceitualização do sistema alfabético, identificados tão claramente por Emilia Ferreiro e Ana Teberosky: níveis icônico e da garatuja, pré-silábico, silábico, silábico-alfabético e alfabético. Quase todos esses níveis, se não todos, ocorrem, ou podem ocorrer, na educação infantil: lembre-se de que Ferreiro e Teberosky identificaram os níveis investigando comportamentos de crianças de 4, 5 e 6 anos. Como comprovam inúmeras pesquisas e observações em instituições de educação infantil, as crianças de 4, 5 anos, com poucas exceções, evoluem rapidamente em direção ao nível alfabético, se orientadas e incentivadas por meio de atividades adequadas e sempre de natureza lúdica, característica necessária na educação de crianças pequenas: escrita espontânea, observação da escrita do adulto, familiarização com as letras do alfabeto, contato visual frequente com a escrita de palavras conhecidas, sempre em um ambiente em que estejam rodeadas de escrita com diferentes funções: calendário, lista de crianças, rotina do dia, rótulos de caixas de material didático etc.

Mesmo atividades muito presentes na educação infantil, em geral consideradas apenas por sua natureza lúdica – a repetição de parlendas, a brincadeira com frases e versos trava-línguas, as cantigas de roda, a memorização de poemas –, são passos em direção à alfabetização porque, se nesse sentido orientadas, desenvolvem a consciência fonológica, fundamental para a compreensão do princípio alfabético. Se o sistema alfabético representa os sons da língua, é necessário que a criança se torne capaz de voltar sua atenção não apenas para o significado do que fala ou ouve, mas também para a cadeia sonora com que se expressa oralmente ou que recebe oralmente de quem com ela fala: que perceba, na frase falada ou ouvida, os sons que delimitam as palavras; em cada palavra, os sons das sílabas que constituem cada palavra; em cada sílaba, os sons de que são feitas. Numerosas pesquisas comprovam a correlação entre consciência fonológica e progresso na aprendizagem da leitura e da escrita. Sendo assim, jogos para desenvolvimento da consciência fonológica, se realizados sistematicamente na educação infantil, criam condições propícias, até mesmo necessárias, para a apropriação do sistema alfabético.

> Um indispensável passo no processo de alfabetização é que a criança perceba que a fala é uma cadeia sonora que é preciso dissociar dos significados, e ainda que é possível segmentá-la em palavras, em sílabas, em fonemas. Na etapa da educação infantil a criança está apta a dar esse passo, já capaz de distinguir significado e som, por meio de atividades orientadas para essa distinção, sempre lúdicas, como as parlendas, trava-línguas, jogos fonológicos.

LETRAMENTO NA EDUCAÇÃO INFANTIL

A leitura frequente de histórias para crianças é, sem dúvida, a principal e indispensável atividade de letramento na educação infantil. Se adequadamente desenvolvida, essa atividade conduz a criança, desde muito pequena, a conhecimentos e habilidades fundamentais para sua plena inserção no mundo da escrita. Por um lado, é uma atividade que leva a criança a familiarizar-se com a materialidade do texto escrito: conhecer o objeto livro ou revista, descobrir que as marcas na página – sequências de letras – escondem significados, que textos é que são "para ler", não ilustrações, que as páginas são folheadas da direita para a esquerda, que os textos são lidos da esquerda para a direita e de cima para baixo, que livros têm autor, ilustrador, editor, têm capa, lombada... Por outro lado, e sobretudo, a leitura de histórias é uma atividade que enriquece o vocabulário da criança e proporciona o desenvolvimento de habilidades de compreensão de textos escritos, de inferência, de avaliação, de estabelecimento de relações entre fatos... habilidades que serão transferidas posteriormente para a leitura independente, quando a criança se tornar apta a realizá-la.

Naturalmente, para que a leitura oral de histórias atinja esses objetivos, não basta que a história seja lida, é necessário que o objeto portador da história seja analisado com as crianças e sejam desenvolvidas estratégias de leitura como: que a leitura seja precedida de perguntas de previsão, a partir do título, das ilustrações, que seja propositadamente interrompida, em pontos pré-escolhidos, por perguntas de compreensão, de inferência, que seja acompanhada, ao término, por confronto com as previsões inicialmente feitas, por avaliação de fatos, personagens, seus comportamentos e suas atitudes.

Outros gêneros de textos devem também ser objeto de leitura do adulto para as crianças: textos informativos, em busca de conhecimentos que as crianças revelem não ter e desejar, textos injuntivos que orientem a prática de jogos e os comportamentos, textos publicitários, textos jornalísticos, histórias em quadrinhos etc. Ou seja: na educação infantil a criança pode e deve ser introduzida a diferentes gêneros, diferentes portadores de textos, e se pode levá-la a identificar o objetivo de cada gênero, o leitor a que se destina, o modo específico de ler cada gênero.

Do mesmo modo, atividades de letramento com a escrita podem e devem ter presença frequente na educação infantil. A todo momento surgem oportunidades de registrar algo como apoio à memória, de ditar para o adulto uma carta que se quer enviar a alguém, de construir um cartaz sobre um trabalho desenvolvido; são inúmeras as situações que podem ser aproveitadas para que as crianças percebam a função da escrita para fins diversos e a utilizem em práticas de interação social.

INTEGRANDO ALFABETIZAÇÃO E LETRAMENTO

A discussão de alfabetização e letramento em dois tópicos, como feito neste artigo, pode suscitar a ideia de que são componentes da introdução da criança no mundo da escrita a serem desenvolvidos separadamente. Mas não deve ser assim.

Embora as atividades de alfabetização e letramento se diferenciem tanto em relação às operações cognitivas que demandam quanto, consequentemente, em relação aos procedimentos metodológicos e didáticos que as orientam, essas atividades devem desenvolver-se integradamente; se se desenvolvem de forma dissociada, ou se se desenvolve letramento e não se desenvolve alfabetização, ou vice-versa, a criança terá certamente uma visão parcial e, portanto, distorcida do mundo da escrita.

A base será sempre o letramento, já que leitura e escrita são, fundamentalmente, meios de comunicação e interação, e a alfabetização deve ser vista pela criança como instrumento para que possa envolver-se nas práticas e usos da língua escrita. Assim, a história lida pode gerar várias atividades de escrita, como pode provocar uma curiosidade que leve à busca de informações em outras fontes; frases ou palavras da história podem ser objeto de atividades de alfabetização; poemas podem levar à consciência de rimas e aliterações. O fundamental é que as crianças estejam imersas em um contexto letrado – o que é uma outra designação para o que também se costuma chamar de ambiente alfabetizador – e que nesse contexto sejam aproveitadas, de forma planejada e sistemática, todas as oportunidades para dar continuidade aos processos de alfabetização e letramento que elas já vinham vivenciando antes de chegar à instituição de educação infantil.

PARTE III
CONCEPÇÕES E PRÁTICAS: UMA PERSPECTIVA POLÍTICO-SOCIAL

Língua escrita, sociedade e cultura: relações, dimensões e perspectivas

Este texto foi apresentado na XVII Reunião Anual da Associação Nacional de Pesquisa e Pós-Graduação em Educação – ANPEd, em outubro de 1995; foi em seguida publicado na revista dessa Associação – *Revista Brasileira de Educação* – em seu número inaugural, n. 0, de set/out/nov/dez de 1995. Separado por dez anos do texto anterior, amplia e aprofunda as questões nele propostas, questões novamente retomadas e desenvolvidas três anos depois, no livro *Letramento: um tema em três gêneros*, de Magda Soares, publicado, em 1998, pela Autêntica. É importante observar que, aqui, opta-se pelo termo *alfabetismo,* preferido a *letramento*, na época da elaboração deste texto. Por caracterizar-se, basicamente, como um texto de revisão do estado do conhecimento sobre as relações entre língua escrita, sociedade e cultura, é grande o número de referências bibliográficas, a fim de que seja o leitor orientado para leituras que permitam aprofundar a temática. As obras referenciadas são, predominantemente, de originais em inglês ou traduzidos desta língua, o que evidencia a grande produção de literatura sobre o tema nos países de língua inglesa, e a ainda pequena produção brasileira, na época em que este livro estava sendo elaborado, situação que, é preciso reconhecer, teve pouca alteração, até o momento atual: desde então vem crescendo significativamente a produção estrangeira e pouco a produção brasileira.

O TEMA E SEUS LIMITES

Os elos entre língua escrita, sociedade e cultura podem ser objeto de análise sob diferentes pontos de vista. Dois deles, que não se opõem, mas se complementam, impõem-se de imediato.

Um primeiro ponto de vista, que aqui apenas se menciona e não se privilegia, focaliza, fundamentalmente, a diacronia das conexões entre escrita, sociedade e cultura. Desse ponto de vista, a busca dos elos entre língua escrita, sociedade e cultura volta-se para os momentos históricos e aspectos antropológicos da emergência e progressiva socialização da língua escrita em sociedades e culturas, analisando as características da oralidade anterior à escrita, os processos de transição de mudanças sociais, cognitivas e comunicativas, resultantes da introdução da língua escrita em sociedades de "oralidade primária",[1] as práticas de leitura e escrita em diferentes épocas e diferentes grupos sociais, os processos históricos de acumulação, difusão e distribuição do material escrito, o surgimento da imprensa e seus efeitos etc. A opção por discutir as relações entre língua escrita, sociedade e cultura desse ponto de vista nos levaria a redescobrir, com Lord (1960), Havelock (1963, 1986, 1988), Ong (1982, 1986), entre outros, as características e especificidades dos processos interativos e cognitivos em sociedades e culturas de oralidade primária, e as transformações ocorridas nesses processos pela introdução da escrita; a criticar, com Goody (1977), a "grande dicotomia" – a introdução da escrita considerada divisor de culturas, separando culturas "primitivas" de "avançadas", "selvagens" de "domesticadas", "tradicionais" de "modernas"; a examinar diferentes concepções sobre as consequências e os efeitos da introdução da escrita (Goody e Watt, 1968; Havelock, 1988; Graff, 1987a, 1987b; Ong, 1982; Olson, 1977) e da imprensa (McLuhan, 1977/1962; Eisenstein, 1979); a recuperar as práticas de leitura e de escrita ao longo do tempo, com Chartier (1985, 1991, 1994, entre muitos outros), com Darnton (1986, 1990), Ginzburg (1987); a determinar o número e as características dos leitores (como em Furet e Ozouf, 1977) ou a natureza das leituras (como em Darnton, 1992, e Davis, 1990) em diferentes momentos históricos.

O segundo ponto de vista pelo qual podem ser analisados os elos entre escrita, sociedade e cultura concentra-se na análise dos aspectos sincrônicos desses elos: tomando, naturalmente, as lições da diacronia como quadro de referência, volta-se para o exame do papel e do lugar da língua escrita nas modernas sociedades e culturas letradas, grafocêntricas, sociedades de "oralidade secundária", buscando as dimensões da leitura e da escrita nessas sociedades e culturas, as relações entre a escrita e os valores, representações e solicitações dessas sociedades e culturas, e, consequentemente, as perspectivas conceituais e teóricas, segundo as quais essas dimensões e relações podem ser analisadas. Em outras palavras, busca-se o significado do *alfabetismo* nas sociedades e culturas letradas. É esse ponto de vista que aqui se privilegia. Para desenvolvê-lo, começa-se por discutir o conceito de *alfabetismo*, para, em seguida, em obediência ao subtítulo deste artigo, analisar suas dimensões e suas relações com a sociedade e a cultura; finalmente, apontam-se as perspectivas segundo as quais pode ser estudado e investigado.

O CONCEITO DE ALFABETISMO

É significativo que o termo *alfabetismo* cause certa estranheza a falantes do português, enquanto seu contrário, *analfabetismo*, seja termo de utilização corrente e facilmente compreendido até mesmo (ou, talvez, sobretudo...) por aqueles a que ele se aplica, significando, como o define o *Novo Dicionário Aurélio da Língua Portuguesa*, "*estado* ou *condição* de analfabeto" (ênfase minha). *Analfabeto* é também termo de utilização corrente e de universal compreensão entre nós: segundo o mesmo dicionário, *analfabeto* é "aquele que não sabe ler nem escrever". É também significativo que nos seja tão familiar o termo *alfabetização*, que designa a ação de *alfabetizar*, de "ensinar a ler e a escrever", e nos seja tão pouco familiar o termo *alfabetismo*, designando o "estado" ou a "condição" que assume aquele que aprende a ler e a escrever. É ainda significativo que consideremos o termo *alfabetizado*, isto é, aquele que aprendeu a ler e a escrever, como o contrário do termo *analfabeto*, e que não tenhamos palavra para designar aquele que vive em estado de *alfabetismo*.

O fato de que sejam correntes na língua os substantivos que *negam* – *analfabetismo* e *analfabeto* são formados pelo prefixo grego *a(n)*, que envolve a ideia de negação –, e de que cause estranheza o substantivo que afirma, *alfabetismo, e*, ainda, de que não se tenha um substantivo que afirme o contrário de *analfabeto*, é, como bem hipotetiza Silva,[2] um fenômeno semântico significativo: porque conhecemos bem, e há muito, o "estado ou condição de analfabeto", sempre nos foi necessária uma palavra para designar esse estado ou condição – e temos usado sem nenhuma estranheza o termo *analfabetismo*. Por outro lado, enquanto não foram intensas as demandas sociais pelo uso amplo e diferenciado da leitura e da escrita, enquanto não foi uma realidade percebida e reconhecida um certo "estado" ou "condição" de quem sabe ler e escrever, o termo oposto a *analfabetismo* não se mostrou necessário – e não tínhamos usado o termo *alfabetismo*. Na verdade, só recentemente esse termo tem sido necessário, porque só recentemente começamos a enfrentar uma realidade social em que não basta simplesmente "saber ler e escrever": dos indivíduos já se requer não apenas que dominem a tecnologia do ler e do escrever, mas também que saibam fazer uso dela, incorporando-a a seu viver, transformando-se assim seu "estado" ou "condição", como consequência do domínio dessa tecnologia.

Do mesmo modo, em momento histórico anterior, esse fenômeno semântico ocorreu na língua inglesa: os termos *illiteracy* e *illiterate* tiveram ampla circulação, antes que surgissem os termos *literacy* e *literate* – o *Oxford English Dictionary* registra o termo *illiteracy* desde 1660, enquanto o termo positivo *literacy* só aparece no final do século XIX (Charnley e Jones, 1979: 8).[3] O surgimento do termo *literacy* (cujo significado é o mesmo de *alfabetismo*), nessa época, representou, certamente, uma mudança histórica nas práticas sociais: novas demandas sociais pelo uso da leitura e da escrita exigiram uma nova palavra para designá-las. Ou seja: uma nova realidade social trouxe a necessidade de uma nova palavra.[4]

> Após a publicação deste texto, em 1995, foi-se progressivamente revelando, na bibliografia, preferência pela palavra *letramento* (cf. nota 4), em relação à palavra *alfabetismo*. Até recentemente, *letramento* era palavra não dicionarizada; somente em 2001 o *Dicionário Houaiss* dicionarizou tanto essa palavra quanto *letrado*, como adjetivo a ela correspondente.

Atualmente, à medida que se tornam mais numerosas e mais complexas as demandas sociais pelo uso da língua escrita, novas palavras vêm sendo sugeridas em países de língua inglesa, evidenciando o surgimento de novas realidades sociais que exigem novas palavras para designá-las: Havelock (1988) estabelece diferenças entre *literacy, non-literacy* (o estado ou condição de indivíduos ou grupos sociais que, em sociedades de oralidade primária, desconhecem a possibilidade da escrita) e *illiteracy* (o estado ou condição de indivíduos que, em sociedades letradas, não sabem ler nem escrever); Heath (1991) usa o termo *literateness,* formando-o do adjetivo *literate,* pelo acréscimo do sufixo *-ness,* que de adjetivos forma substantivos indicadores de um estado ou qualidade – certamente considerando a palavra *literacy* já insuficiente, a autora cria *literateness* para designar "o estado de ser letrado" *(the sense of being literate)*, "a habilidade de exercer comportamentos letrados" *(the ability to exhibit literate behaviors)*.

Das considerações anteriores, conclui-se que *alfabetismo* é um conceito complexo, pois engloba um amplo leque de conhecimentos, habilidades, técnicas, valores, usos sociais, funções e varia histórica e espacialmente. O tópico seguinte busca analisar esse conceito, decompondo-o em suas dimensões e buscando suas relações com a sociedade e a cultura.

ALFABETISMO: DIMENSÕES E RELAÇÕES

O *alfabetismo*,[5] entendido como um estado ou uma condição, refere-se não a um único comportamento, mas a um conjunto de comportamentos que se caracterizam por sua variedade e complexidade. Uma análise desses comportamentos permite agrupá-los em duas grandes dimensões: a dimensão *individual* e a dimensão *social*. Quando se focaliza a dimensão individual, o alfabetismo é visto como um atributo pessoal, referindo-se à posse individual de habilidades de leitura e escrita. Quando, ao contrário, se focaliza a dimensão social, o alfabetismo é visto como um fenômeno *cultural,* referindo-se a um conjunto de atividades sociais, que envolvem a língua escrita, e a um conjunto de demandas sociais de uso da língua escrita.

Porém, a identificação dessas duas grandes dimensões é apenas o primeiro passo no sentido de esclarecer o conceito de alfabetismo. É preciso ainda enfrentar a complexidade e heterogeneidade de cada uma dessas dimensões.

A dimensão individual do alfabetismo

Sob a perspectiva de sua dimensão individual, conceituar alfabetismo é tarefa difícil, em virtude das numerosas e variadas habilidades pessoais que podem ser consideradas constituintes do alfabetismo.

Uma primeira e central dificuldade deriva do fato de que o alfabetismo envolve dois processos fundamentalmente distintos, *ler* e *escrever*: as habilidades e os conhecimentos que constituem a leitura e as habilidades e os conhecimentos que constituem a escrita são radicalmente diferentes, como também são consideravelmente diferentes os processos de aprendizagem da leitura e os processos de aprendizagem da escrita. Entretanto, apesar dessas diferenças, em geral conceitua-se *alfabetismo* desprezando-se as peculiaridades e dessemelhanças entre leitura e escrita, significativas de tal forma que alguém pode ter o domínio da leitura sem que tenha o domínio da escrita – pode saber ler sem saber escrever; pode ser um leitor fluente e um mau escritor.

Além das diferenças entre ler e escrever é preciso ainda considerar que cada uma dessas atividades engloba um conjunto de habilidades e conhecimentos muito diferentes.

Assim, ler, sob a perspectiva de sua dimensão individual, é um conjunto de habilidades e conhecimentos linguísticos e psicológicos, estendendo-se desde a habilidade de decodificar palavras escritas até a capacidade de compreender textos escritos. Não são categorias polares, mas complementares: ler é um processo de relacionamento entre símbolos escritos e unidades sonoras, e é também um processo de construção da interpretação de textos escritos.

Dessa forma, ler estende-se desde a habilidade de simplesmente traduzir em sons sílabas isoladas, até habilidades de pensamento cognitivo e metacognitivo; inclui, entre outras habilidades, a habilidade de decodificar símbolos escritos; a habilidade de captar o sentido de um texto escrito; a capacidade de interpretar sequências de ideias ou acontecimentos, analogias, comparações, linguagem figurada, relações complexas, anáfora; e ainda habilidades de fazer predições iniciais sobre o significado do texto, de construir o significado combinando conhecimentos prévios com as informações do texto, de controlar a compreensão e modificar as predições iniciais, quando necessário, de refletir sobre a importância do que foi lido, tirando conclusões e fazendo avaliações.

Além dessa grande variedade de habilidades e conhecimentos de leitura, há ainda o fato de que essas habilidades são aplicadas de forma diferenciada a uma enorme diversidade de materiais escritos: literatura, manuais didáticos, textos técnicos, dicionários, enciclopédias, tabelas, horários, catálogos, jornais, revistas, anúncios, cartas formais e informais, cardápios, avisos, receitas...

Tal como a leitura, também a escrita, na sua dimensão individual, é um conjunto de habilidades e conhecimentos linguísticos e psicológicos, não só numerosos e variados, mas também radicalmente diferentes das habilidades e conhecimentos que constituem a leitura. Enquanto as habilidades e conhecimentos de leitura se estendem desde a habilidade de decodificar palavras escritas até a capacidade de integrar informação obtida de diferentes textos, as habilidades e conhecimentos de escrita estendem-se desde a habilidade de simplesmente transcrever sons até a capacidade de comunicar-se adequadamente com um leitor em potencial. E, tal como foi afirmado com relação à leitura, também aqui não são categorias polares, mas complementares: escrever é um processo de relacionamento entre unidades sonoras e símbolos escritos, e *é também* um processo de expressão de ideias e de organização do pensamento sob forma escrita.

Dessa maneira, escrever engloba desde a habilidade de traduzir fonemas em grafemas, até habilidades cognitivas e metacognitivas; inclui habilidades motoras, ortografia, uso adequado da pontuação, habilidade de selecionar informações relevantes sobre o tema do texto e de identificar os leitores pretendidos, habilidade de fixar os objetivos do texto e de decidir como desenvolvê-lo, habilidade de organizar as ideias no texto, de estabelecer relações entre elas, de expressá-las adequadamente.

Além disso, habilidades e conhecimentos de escrita, tal como ocorre com as habilidades e conhecimentos de leitura, devem ser utilizadas diferencialmente para produzir uma grande diversidade de materiais escritos: desde a simples assinatura do próprio nome ou a elaboração de uma lista de compras até a produção de um ensaio ou de uma tese de doutorado.

À luz dessas considerações sobre o grande número de habilidades e conhecimentos que constituem a leitura e a escrita, a natureza heterogênea dessas habilidades e conhecimentos, o amplo leque de gêneros de escrita e de portadores de texto escrito a que essas habilidades devem ser aplicadas, claro está que o conceito de *alfabetismo* é extremamente impreciso, mesmo se tentarmos formulá-lo considerando apenas as habilidades e os conhecimentos *individuais* de leitura e de escrita: quais habilidades e/ou conhecimentos de leitura, quais habilidades e/ou conhecimentos de escrita deveriam ser considerados, e a que tipos de material escrito essas habilidades e conhecimentos deveriam ser aplicados para que se caracterizasse um estado ou condição de alfabetismo?

A resposta a essa pergunta é problemática. As habilidades e os conhecimentos de leitura e de escrita estendem-se em um *continuum*, com vários pontos ao longo desse *continuum* indicando diferentes tipos e níveis de habilidades e conhecimentos que podem ser utilizados para ler e escrever diferentes tipos de material escrito. Em outras palavras, o alfabetismo é uma variável contínua, não uma variável discreta, dicotômica. Torna-se, assim, difícil estabelecer de forma não arbitrária um determinado ponto nesse *continuum* que indique a separação entre o *analfabetismo* e o *alfabetismo*. Já em 1957, a Unesco reconhecia que "o conceito de alfabetismo é muito flexível, e pode estender-se ao longo de todos os níveis de habilidade, desde um mínimo absoluto até um máximo indeterminado"[6] (Unesco, 1957: 19), e concluía que é inteiramente impossível referir-se a *alfabetismo* e *analfabetismo* como duas categorias diferentes.

Entretanto, as definições de *alfabetizado* e *analfabeto* introduzidas pela Unesco, em 1958, para fins de padronização das estatísticas educacionais, representam uma tentativa de estabelecer uma distinção:

> É alfabetizada a pessoa que é capaz de ler e escrever com compreensão um enunciado curto e simples sobre a vida cotidiana. É analfabeta a pessoa que não é capaz de ler e escrever com compreensão um enunciado curto e simples sobre a vida cotidiana. (Unesco, 1958: 4)

Pondo o foco na dimensão individual do alfabetismo, essas definições determinam quais habilidades de leitura e escrita caracterizam uma pessoa alfabetizada (ler e escrever *com compreensão*), e a que tipo de material escrito essas habilidades devem aplicar-se (um enunciado curto e simples sobre a vida cotidiana). Entretanto, são definições arbitrárias: com que fundamento seleciona-se uma certa habilidade (ler e escrever *com compreensão* – sem nem mesmo considerar a ambiguidade da expressão "com compreensão") e um determinado tipo de material escrito (um enunciado curto e simples sobre a vida cotidiana) para caracterizar uma pessoa como *alfabetizada*? Essa pergunta conduz à discussão sobre a dimensão *social* do alfabetismo.

A dimensão social do alfabetismo

Do ponto de vista social, o alfabetismo não é apenas, nem essencialmente, um estado ou condição pessoal; é, sobretudo, uma prática social: o alfabetismo é o que as pessoas *fazem* com as habilidades e conhecimentos de leitura e escrita, em determinado contexto, e é a relação estabelecida entre essas habilidades e conhecimentos e as necessidades, os valores e as práticas sociais. Em outras palavras, o alfabetismo não se limita pura e simplesmente à posse individual de habilidades e conhecimentos; implica também, e talvez principalmente, em um conjunto de práticas sociais associadas com a leitura e a escrita, efetivamente exercidas pelas pessoas em um contexto social específico.

Entretanto, para tornar ainda mais complexo o conceito de alfabetismo, há pontos de vistas conflitantes sobre a sua dimensão social, pontos de vista que podem ser resumidos (correndo-se o risco de uma excessiva simplificação) em duas tendências: uma tendência progressista, "liberal" – uma versão *fraca* dos atributos e implicações dessa dimensão –, e uma tendência radical, "revolucionária" – uma versão *forte* desses atributos e implicações.

Segundo uma visão progressista, "liberal", das relações entre alfabetismo, sociedade e cultura, as habilidades e conhecimentos de leitura e escrita não podem ser dissociados de seus usos, não podem ser desligados das formas empíricas que efetivamente assumem na vida social; o alfabetismo, nessa versão *fraca* de sua dimensão social, é caracterizado em função das habilidades e conhecimentos considerados necessários para que o indivíduo *funcione* adequadamente em um determinado contexto social – deriva daí a expressão *alfabetismo funcional* (ou *alfabetização funcional*, como se tem usado no Brasil), que se tornou corrente desde a publicação, em 1956, da pesquisa internacional sobre a leitura e a escrita, feita por Gray para a Unesco (Gray, 1956). Em seu documento, Gray define "alfabetismo funcional" *(functional literacy)* como o conjunto de habilidades e conhecimentos que tornam um indivíduo capaz de participar de todas as atividades em que a leitura e a escrita são necessárias em sua cultura ou em seu grupo.

A ênfase na *funcionalidade* como característica fundamental que deveriam ter as habilidades e conhecimentos de leitura e de escrita influenciou fortemente a definição de alfabetismo proposta pela Unesco, para fins de padronização internacional das características educacionais, na revisão feita, em 1978, da Recomendação de 1958, anteriormente citada; nessa revisão, embora mantendo as definições de *alfabetizado* e *analfabeto*, propostas em 1958, baseadas, como foi visto, em habilidades individuais, introduziu-se um novo nível de alfabetismo – criou-se o conceito de "alfabetizado funcional" (*functional literate*), que acentua os usos sociais da leitura e da escrita:

> É funcionalmente alfabetizada a pessoa capaz de envolver-se em todas as atividades em que o alfabetismo é necessário para um funcionamento efetivo de seu grupo e de sua comunidade, e também para dar-lhe condições de uso da leitura, da escrita e do cálculo para seu desenvolvimento pessoal e o de sua comunidade. (Unesco, 1978: 1)

Alfabetismo funcional é, pois, fundamentalmente, *adaptação*, segundo a metáfora usada por Scribner (1984: 9): "Esta metáfora (alfabetismo como adaptação) é usada para expressar conceitos de alfabetismo que enfatizam seu valor pragmático ou para a sobrevivência". Scribner acentua a importância do alfabetismo funcional, ou alfabetismo para a sobrevivência:

> A necessidade de habilidades de alfabetismo na vida cotidiana é óbvia; no trabalho, dirigindo na cidade, comprando em supermercados, todos nós encontramos situações que demandam leitura ou produção de símbolos escritos. Não é preciso justificar a insistência na obrigação que têm as escolas de desenvolver nas crianças habilidades de alfabetismo que as tornem capazes de responder a essas demandas em situações da vida cotidiana. Programas de educação básica têm a mesma obrigação de desenvolver em adultos as habilidades que precisam ter para obter trabalho ou progredir nele, para receber o treinamento e os benefícios a que têm direito e assumir suas responsabilidades cívicas e políticas. (1984: 9)

O alfabetismo envolve, assim, mais que apenas o saber ler e escrever. Nos países do Primeiro Mundo, em que todos passam, *realmente*, pela escolaridade fundamental, e em que, consequentemente, todos aprendem a ler e a escrever, o alfabetismo é definido não como um conjunto de habilidades de leitura e escrita, mas como o uso dessas habilidades para responder às demandas sociais. Por exemplo, em pesquisa realizada para o National Assessment of Educational Progress (Naep), com o objetivo de avaliar as habilidades de leitura e escrita de jovens adultos norte-americanos, os autores, Kirsch e Jungeblut, consideram alfabetismo como "o uso de informação impressa e escrita para funcionar na sociedade, para alcançar os próprios objetivos, e para desenvolver seus conhecimentos e seu potencial" (Kirsch e Jungeblut, 1990: 8).

Fica claro que esse conceito liberal, funcional, assume que o alfabetismo tem o poder de promover o progresso social e individual; seu pressuposto é a crença de que o alfabetismo tem, necessariamente, consequências positivas, e apenas positivas: sendo o uso das habilidades e conhecimentos de leitura e escrita necessário para "funcionar" adequadamente na sociedade, participar ativamente dela e realizar-se pessoalmente, o alfabetismo torna-se responsável pelo desenvolvimento cognitivo e econômico, pela mobilidade social, pelo progresso profissional, pela promoção da cidadania.[7]

Contrária a essa perspectiva liberal do conceito de alfabetismo é a perspectiva anteriormente denominada radical e "revolucionária" – a versão *forte* das relações entre alfabetismo e sociedade. Enquanto na perspectiva liberal, progressista, o alfabetismo é definido pelo conjunto de habilidades necessárias para responder às práticas sociais em que a leitura e a escrita são requeridas, na perspectiva radical, "revolucionária", as habilidades de leitura e escrita não são vistas como "neutras", habilidades a serem usadas em práticas sociais, quando necessário, mas são vistas como um conjunto de práticas socialmente construídas envolvendo o ler e o escrever, configuradas por processos sociais mais amplos, e responsáveis por reforçar *ou* questionar valores, tradições, padrões de poder presentes no contexto social.

Street (1984), um dos representantes dessa concepção alternativa da dimensão social do alfabetismo, a caracteriza como o modelo "ideológico" do alfabetismo, que se opõe ao modelo "autônomo". Segundo Street (1984: 8), o alfabetismo tem significados políticos e ideológicos, e não pode ser visto separadamente desses significados nem considerado um fenômeno "autônomo". Street afirma que o alfabetismo se define essencialmente pelas formas que as práticas de leitura e escrita realmente assumem, em determinados contextos sociais, e essas formas dependem das instituições sociais em que essas práticas estão inseridas.

Assim, contrapondo-se ao conceito de que alfabetismo significa ser capaz de ler e escrever sempre que as práticas sociais o exigirem, uma perspectiva radical das relações entre alfabetismo, sociedade e cultura afirma que é impossível distinguir a leitura e a escrita do conteúdo que se *pode* ou se *deve* ler e escrever, segundo convenções e valores sociais e culturais, e das vantagens e desvantagens decorrentes das formas particulares em que leitura e escrita são usadas, ou das formas que uma e outra assumem em determinada sociedade e cultura. O conceito de alfabetismo depende, pois, inteiramente, de como leitura e escrita são concebidas e praticadas em determinado contexto social; o alfabetismo é, nessa perspectiva, um conjunto de práticas governadas pela concepção de o *que, como, quando e por que* ler e escrever.

Sob essa perspectiva, são negadas as qualidades consideradas inerentes ao alfabetismo, assim como também é negado que suas consequências sejam sempre positivas, posições enfatizadas por aqueles que advogam a funcionalidade da leitura e da escrita como instrumento para satisfazer as demandas sociais e realizar objetivos pessoais. Segundo a perspectiva radical e revolucionária, as consequências do alfabetismo estão estreitamente relacionadas com processos sociais mais amplos, pelos quais são modeladas, processos que definem, transmitem e reforçam valores, crenças, tradições e padrões de poder. Assim, as consequências do alfabetismo são consideradas desejáveis e benéficas apenas por aqueles que não questionam a natureza e a estrutura da sociedade; quando isso não ocorre, isto é, quando a natureza e estrutura das relações e das práticas sociais são questionadas, o alfabetismo é visto como um instrumento ideológico que mantém as práticas e relações sociais vigentes, acomodando as pessoas às circunstâncias existentes. Por exemplo: críticos das sociedades capitalistas alegam que o alfabetismo funcional, tal como concebido nessas sociedades, apenas reforça e aprofunda relações e práticas de discriminação social e econômica.

Em decorrência, alternativas "revolucionárias" são propostas em substituição ao conceito liberal e progressista de um alfabetismo "funcional". Paulo Freire foi um dos primeiros a apontar essa força "revolucionária" que pode ter o alfabetismo, afirmando que ser alfabetizado deveria significar ser capaz de usar a leitura e a escrita como um meio de tornar-se consciente da realidade e transformá-la. Considerando que o alfabetismo pode ser um instrumento tanto para a libertação quanto para a domesticação do homem, dependendo do contexto ideológico em que ocorre, Freire evidencia a natureza política da aprendizagem da leitura e da escrita; sua concepção do alfabetismo como instrumento de promoção da mudança social é uma concepção essencialmente política.

> Sobre a concepção política de alfabetização em Paulo Freire, ver adiante o texto "Paulo Freire e a alfabetização".

Em síntese, a dimensão social do conceito de alfabetismo baseia-se ou em seu valor pragmático, isto é, na necessidade e importância do alfabetismo para um funcionamento efetivo na sociedade, tal como ela é (a versão *fraca*), ou em seu poder "revolucionário", isto é, em sua força potencial para transformar relações e práticas sociais consideradas indesejáveis ou injustas (a versão *forte*). Entretanto, uma e outra versões levam à relatividade do conceito de alfabetismo: se as práticas sociais que envolvem a língua escrita dependem da natureza e estrutura da sociedade, bem como do projeto que determinado grupo político assume, essas práticas variam no tempo e no espaço. Graff (1987a: 17)[8] afirma que o significado e a contribuição do alfabetismo não podem ser presumidos, ignorando-se "o papel vital do contexto sócio-histórico", e acrescenta:

> O principal problema que dificulta os esforços para estudar o alfabetismo no passado, como também no presente, é o de reconstruir os contextos de leitura e escrita: como, quando, onde, por quê e para quem o alfabetismo era transmitido; o significado que lhe era atribuído; os usos que dele eram feitos; as demandas de habilidades de leitura e escrita; os níveis em que essas demandas eram atendidas; a variável dimensão das restrições sociais na distribuição e difusão do alfabetismo; e as diferenças reais e simbólicas decorrentes da condição social do alfabetismo entre a população. (1987a: 23)

É assim impossível formular um único conceito de alfabetismo, adequado a qualquer pessoa, em qualquer lugar, em qualquer momento, em qualquer contexto cultural ou político.

Estudos históricos documentam as mudanças no conceito de alfabetismo ao longo do tempo;[9] estudos antropológicos e etnográficos atestam os diferentes usos da leitura e da escrita, dependendo das crenças, dos valores e das práticas culturais, e da história de cada grupo social.[10] Por exemplo: em algumas sociedades, apenas a habilidade de assinar o próprio nome significa ser alfabetizado; em outras sociedades, só é considerado alfabetizado aquele que é capaz de localizar, compreender e usar informações fornecidas por diferentes tipos de textos. Há, pois, diferentes conceitos de alfabetismo, o conceito dependendo das necessidades e condições sociais presentes em determinado estágio histórico de uma sociedade e cultura.

Além disso, de um ponto de vista sociológico, em cada sociedade práticas de leitura e escrita diferenciam-se segundo os contextos sociais, exercendo papéis diversos na vida de grupos ou de indivíduos específicos. Assim, pessoas que ocupam diferentes lugares sociais, exercendo diferentes profissões e vivendo diferentes estilos de vida, enfrentam demandas funcionais de leitura e escrita muito diferentes: sexo, idade, localização urbana ou rural, etnia são, entre outros, fatores que determinam a natureza das práticas de leitura e escrita. Torna-se assim difícil definir um conjunto universal de habilidades e conhecimentos que constituiriam o alfabetismo funcional: que parâmetros

> Nos anos posteriores à publicação deste texto, os estudos antropológicos e transculturais sobre o alfabetismo (letramento), nos países de língua inglesa, cresceram significativamente, em quantidade e qualidade, com pesquisas que comprovam as afirmações feitas neste parágrafo; entre esses estudos, hoje reconhecidos sob a denominação de *New Literacies Studies*, são alguns exemplos: STREET, Brian V. (ed.). *Cross-Cultural Approaches to Literacy*. (Cambridge University Press, 1993). STREET, Brian V. *Social Literacies:* Critical Approaches to Literacy in Development, Ethnography and Education (Longman, 1995). STREET, Brian V. (ed.). *Literacy and Development: Ethnographic Perspectives*. (Routledge, 2001). BARTON, David; HAMILTON, Mary; IVANIC, Roz. *Situated Literacies:* Reading and Writing in Context (Routledge, 2000); MARTIN-JONES, Marilyn; JONES, Kathryn. *Multilingual Literacies:* Reading and Writing Different Worlds. (John Benjamins, 2000).

deveriam ser escolhidos para selecionar essas habilidades e conhecimentos? Da mesma forma, do ponto de vista de uma perspectiva libertadora, grupos que adotam diferentes ideologias e que, consequentemente, têm diferentes objetivos políticos constroem diferentes práticas de leitura e escrita, cada uma delas constituindo-se em resposta a valores e ideais específicos. Por exemplo, o conceito de alfabetismo em sociedades em processo de mudança revolucionária (por exemplo, Cuba, nos anos 1960; Nicarágua, nos 1980) não é o mesmo conceito de alfabetismo em países politicamente estáveis.

ALFABETISMO: PERSPECTIVAS DE ANÁLISE

A multiplicidade de facetas do fenômeno *alfabetismo*, a variedade e heterogeneidade de dimensões segundo as quais pode ser considerado, a diversidade de suas relações com a sociedade e a cultura levam a concluir não só que é impossível formular um conceito genérico e universal desse fenômeno, como também que são inúmeras as perspectivas teóricas e metodológicas de acordo com as quais se pode analisar esse fenômeno. Essas perspectivas ora privilegiam sua dimensão social, ora sua dimensão individual, ora uma faceta, ora outra. De forma apenas enumerativa e exemplificativa, podemos mencionar:

- uma perspectiva *histórica*, que investiga, entre outros temas, a história dos sistemas de escrita, dos suportes da escrita, dos objetos de escrita, dos processos de acumulação, difusão, circulação, distribuição da escrita ao longo do tempo e em diferentes momentos históricos (história de bibliotecas, de livrarias, de sistemas de informação...), a história das possibilidades de acesso à escrita, das consequências sociais e culturais da imprensa, a história dos leitores (número, condição social, sexo etc.), das leituras e das práticas de leitura e de escrita em diferentes grupos sociais, a história da escolarização da aprendizagem da leitura e da escrita;
- uma perspectiva *antropológica*, voltada para o estudo dos processos de introdução da escrita em culturas de oralidade primária ou em grupos sociais predominantemente orais, para as diferenças nas estruturas de comunicação e nos processos cognitivos entre culturas

orais e culturas letradas, para os processos de integração da escrita em redes de comunicação predominantemente orais, para os usos e funções da escrita em diferentes grupos sociais e culturais;
- uma perspectiva *sociológica*, que tem a leitura e a escrita como práticas sociais, pesquisa as relações entre essas práticas e as características sociais dos que as exercem, como nível de instrução, origem social, profissão, sexo, busca determinar o que e como leem as pessoas, as motivações para a leitura e a escrita, o valor simbólico da escrita em diferentes contextos sociais, o lugar da leitura e da escrita na hierarquia dos bens culturais;
- uma perspectiva *psicológica* e *psicolinguística*, que investiga as diferenças entre estruturas de pensamento de indivíduos ágrafos ou de indivíduos analfabetos e estruturas de pensamento de indivíduos alfabetizados, as consequências cognitivas do alfabetismo, os processos de aprendizagem da língua escrita e os fatores que os determinam ou influenciam, a neuropsicologia da leitura e da escrita;
- uma perspectiva *sociolinguística*, que pesquisa as relações entre língua oral e língua escrita, os efeitos sobre a aprendizagem da língua escrita dos contextos sociais e linguísticos em que ocorrem as atividades orais e escritas, os determinantes linguísticos das dificuldades de aprendizagem da língua escrita, a aprendizagem da escrita e suas relações com as variedades linguísticas;
- uma perspectiva propriamente *linguística*, que se volta para o confronto entre o sistema fonológico da língua e seu sistema ortográfico, para as diferenças lexicais e morfossintáticas entre a língua oral e a língua escrita, para os modos de funcionamento dos sistemas de escrita, para as consequências do alfabetismo sobre a linguagem de indivíduos ou de grupos sociais;
- uma perspectiva *discursiva*, tendo como referência a teoria do discurso, que confronta as condições de produção do discurso oral e do discurso escrito, busca as diferenças entre esses discursos decorrentes de suas condições de produção, e as diferenças nas maneiras de ler e escrever, de construir significados conforme a situação discursiva, investiga o papel da "periferia do texto" ou dos fatores paratextuais

(formato, diagramação do texto, ilustrações, títulos e subtítulos, notas, epígrafes, dedicatórias, prefácios, publicidade e estratégias de comercialização) na produção de sentido;
- uma perspectiva *textual*, no quadro da Linguística Textual, que investiga as diferenças entre o texto oral e o texto escrito, os recursos de coerência, coesão, informatividade de um e outro, pesquisa a gramática do texto oral em confronto com a gramática do texto escrito, identifica as influências da primeira sobre a segunda e da segunda sobre a primeira;
- uma perspectiva *literária*, que analisa as características da oralidade em textos da literatura clássica e medieval, reconstrói a progressiva passagem de gêneros literários orais para gêneros literários escritos, estuda a fluida fronteira entre o oral e o escrito no texto literário, investiga o acesso diferenciado à obra literária por diferentes grupos sociais (segundo a idade, o sexo, o nível socioeconômico);
- uma perspectiva *educacional* ou *pedagógica*, que investiga as condições institucionais e programáticas de promoção do alfabetismo, os processos metodológicos e didáticos de introdução de crianças e adultos no mundo da escrita, as relações entre o grau de alfabetismo de diferentes contextos familiares e o sucesso ou fracasso na aprendizagem da língua escrita;
- e, finalmente, uma perspectiva *política*, que analisa as condições de possibilidade de programas de promoção do alfabetismo, que determina objetivos e metas do alfabetismo, que analisa ideologias subjacentes a programas e campanhas de alfabetização, que estabelece e promove circuitos de difusão, distribuição e circulação da escrita.

Dessa enumeração, certamente incompleta, pode-se concluir que o estudo do alfabetismo tem de ser forçosamente multidisciplinar, e que só a contribuição de diferentes ciências poderá conduzir a um entendimento claro desse fenômeno. Temos assistido, nas últimas décadas, a essa multiplicação de estudos do alfabetismo sob diferentes perspectivas teóricas e metodológicas. Nas palavras de Gnerre (1985: 28):

Podemos dizer que o campo de estudos da escrita, como foi constituído nas últimas décadas, é um cruzamento estimulante das principais áreas de categorização das atividades intelectuais tradicionais no pensamento ocidental, tais como a História, a Linguística, a Sociologia, a Educação, a Antropologia e a Psicologia. Por essa razão, alcançar uma boa compreensão da série de fatos e de ideias que são relevantes para o campo de estudos da escrita é uma façanha complexa.

Façanha complexa, sobretudo porque o que é necessário a quem se dedica à promoção do alfabetismo, como é o caso dos que militamos na área da educação, é a articulação dessa multiplicidade de perspectivas em uma teoria coerente, que concilie resultados, combine análises provenientes de diferentes ciências, integre estruturadamente estudos sobre cada uma das facetas desse denso e emaranhado fenômeno que é o alfabetismo.

NOTAS

[1] A expressão "oralidade primária" é aqui usada com o sentido que lhe atribui Ong (1982): "[...] designo como 'oralidade primária' a oralidade de uma cultura totalmente desprovida de qualquer conhecimento da escrita ou da impressão. É 'primária' por oposição à 'oralidade secundária' da atual cultura de alta tecnologia, na qual uma nova oralidade é alimentada pelo telefone, pelo rádio, pela televisão ou por outros dispositivos eletrônicos, cuja existência e funcionamento dependem da escrita e da impressão." (1998: 19, da tradução da obra para o português). É também com esse sentido que a expressão é utilizada por Zumthor (1987), que, porém, reconhece, além da oralidade primária e secundária, uma terceira forma de oralidade, a oralidade *mista*: "Convém [...] distinguir três tipos de oralidade, correspondentes a três situações de cultura. Uma, primária e imediata, não comporta nenhum contato com a escritura. De fato, ela se encontra apenas nas sociedades desprovidas de todo sistema de simbolização gráfica, ou nos grupos sociais isolados e analfabetos. [...] Outros dois tipos de oralidade, cujo traço comum é coexistirem com a escritura, no seio de um grupo social. Eu os denominei, respectivamente, oralidade mista, quando a influência do escrito permanece externa, parcial e atrasada; e oralidade segunda, quando se recompõe com base na escritura em um meio onde esta tende a esgotar os valores da voz no uso e no imaginário. Invertendo o ponto de vista, dir-se-ia que a oralidade mista procede da existência de uma cultura 'escrita' (no sentido de 'possuidora de uma escritura'); e a oralidade segunda, de uma cultura 'letrada' (na qual toda expressão é marcada mais ou menos pela presença da escrita)." (1993: 18, da tradução da obra para o português).

[2] Em nota à sua tradução de texto de Graff (1990: 64), no n. 2 do periódico *Teoria e Educação*, afirma Tomaz Tadeu da Silva: "É curioso que em português seja amplamente corrente a palavra *analfabetismo*, mas não a que designa o estado contrário, *alfabetismo*. Deve haver alguma ligação entre a semântica e a realidade social". É essa "ligação" que tentamos identificar neste texto.

[3] Gnerre (1985: 27) apresenta a mesma informação a respeito da presença/ausência das palavras *illiteracy* e *literacy* na língua inglesa, citando, como fonte da informação, o *New English Dictionary on Historical Principles*, v. VI, p. 340.

[4] A palavra *letramento*, introduzida recentemente na bibliografia educacional brasileira, é uma tentativa de tradução da palavra inglesa *literacy*; o neologismo parece desnecessário, já que a palavra vernácula *alfabetismo*, como bem nota Tomaz Tadeu da Silva (veja referência citada na nota 2), tem o mesmo sentido de *literacy*. O que ainda falta na língua portuguesa é a palavra correspondente ao inglês *literate*, que designa aquele que vive em estado de *literacy*; a palavra *letrado* que, embora algumas vezes venha sendo usada com sentido equivalente ao de *literate*, tem, para

nós, um sentido diferente: "versado em letras, erudito". Falta-nos ainda uma palavra que designe aquele que vive em estado de alfabetismo.

[5] Esta seção é uma versão modificada e adaptada de parte de um ensaio produzido pela autora para a Unesco, e publicado por esse organismo (Soares, 1992). (Esse ensaio foi posteriormente publicado, em tradução para o português, no livro: SOARES, Magda. *Letramento: um tema em três gêneros*. Belo Horizonte: Autêntica, 1998.)

[6] Tradução da autora; todas as traduções de citações de originais em língua estrangeira são de responsabilidade minha.

[7] A crença, tão amplamente aceita, de que o alfabetismo conduz a níveis cognitivos, econômicos e sociais mais elevados tem sido contestada por numerosos estudos de natureza psicológica, antropológica e histórica; para uma revisão bastante abrangente desses estudos, remete-se a Akinnaso, 1981.

[8] Na tradução da obra para o português (cf. Referências Bibliográficas), a citação está na p. 28.

[9] Ver, por exemplo, Graff (1987a, 1987b), Schofield (1968), Resnick e Resnick (1977), Furet e Ozouf (1977), Chartier e Hébrard (1989), Chartier (1985).

[10] Ver, por exemplo, Goody (1968, 1987), Levine (1982, 1986), Heath (1983), Finnegan (1988), Scribner e Cole (1981), Wagner (1983, 1991), Wagner, Messick e Spratt (1986), Schieffelin e Gilmore (1986).

REFERÊNCIAS BIBLIOGRÁFICAS

AKINNASO, F. Niyi. "The Consequences of Literacy in Pragmatic and Theoretical Perspectives". *Anthropology and Education Quarterly.* v. 12, n. 3, 1981, pp. 163-200.

CHARNLEY, A. H.; JONES, H. A. *The Concept of Success in Adult Literacy.* London: ALBSU, 1979.

CHARTIER, Anne-Marie; HÉBRARD, Jean. *Discours sur la lecture* – 1880-1980. Paris: Centre Georges-Pompidou, 1989. (Tradução: *Discursos sobre a leitura* – 1880-1980. São Paulo: Ática, 1995.)

CHARTIER, Roger. (ed.) *Pratiques de la lecture.* Paris: Rivages, 1985. (Tradução: *Práticas da leitura.* São Paulo: Estação Liberdade, 1996.)

_____. As práticas da escrita. In: ARIÈS, Philippe; CHARTIER, Roger. (eds.) *História da vida privada, 3:* da Renascença ao Século das Luzes. São Paulo: Companhia das Letras, 1991, pp. 113-61. (Tradução de: *Histoire de la vie privée, 3:* de la Renaissance aux Lumières. Paris: Seuil, 1986).

_____. *A ordem dos livros:* leitores, autores e bibliotecas na Europa entre os séculos XIV e XVIII. Trad. Mary del Priore. Brasília: Editora Universidade de Brasília, 1994. (Tradução de: *L'ordre des livres: lecteurs, auteurs, bibliothèques en Europe entre XIVe et XVIIIe siècle*, 1992.)

DARNTON, Robert. *O grande massacre dos gatos, e outros episódios da história cultural francesa.* Trad. Sônia Coutinho. Rio de Janeiro: Graal, 1986. (Tradução de: *The Great Cat Massacre and Other Episodes in French Cultural History*, 1984.)

_____. *O beijo de Lamourette*: mídia, cultura e revolução. Trad. Denise Bottmann. São Paulo: Companhia das Letras, 1990. (Tradução de: *The Kiss of Lamourette*: Reflections in Cultural History, 1990.)

_____. *Edição e sedução*: o universo da literatura clandestina no século XVIII. Trad. Myriam Campello. São Paulo: Companhia das Letras, 1992. (Tradução de: *Édition et sédition*: l'univers de la littérature clandestine au XVIIIe siècle, 1991.)

DAVIS, Natalie Zemon. O povo e a palavra impressa. In: DAVIS, Natalie Zemon. *Culturas do povo*: sociedade e cultura no início da França moderna. Trad. Mariza Corrêa. Rio de Janeiro: Paz e Terra, 1990. pp. 157-85. (Tradução de: *Society and Culture in Early Modern France*, 1975.)

> A tradução para o português excluiu a última parte do livro, composta de textos de outros autores; essa parte foi publicada pela mesma Ática, em volume independente: Emmanuel Fraise, Jean-Claude Pompougnac e Martine Poulain, *Representações e imagens da leitura* (1997). Em 2000, foi publicada nova edição francesa atualizada, acrescida da análise dos vinte anos transcorridos desde a primeira edição: *Discours sur la lecture (1880-2000).* Paris: Centre Pompidou; Fayard, 2000.

EISENSTEIN, Elizabeth L. *The Printing Press as an Agent of Change*: Communications and Cultural Transformations in Early-Modern Europe. Cambridge: Cambridge University Press, 1979.

FINNEGAN, Ruth. *Literacy and Orality*: Studies in the Technology of Communication. Oxford: Basil Blackwell, 1988.

FURET, François; OZOUF, Jacques. *Lire et écrire*: l'alphabétisation des français de Calvin à Jules Ferry. Paris: Minuit, 1977.

GINZBURG, Carlo. *O queijo e os vermes*: o cotidiano e as ideias de um moleiro perseguido pela Inquisição. Trad. Betânia Amoroso. São Paulo: Companhia das Letras, 1987. (Tradução de: *Il formaggio e i vermi*: il cosmo di um mugnaio del '500, 1976.)

> Desta obra a autora publicou uma versão resumida – *The Printing Revolution in Early Modern Europe*, 1983 – que foi traduzida para o português: *A revolução da cultura impressa: os primórdios da Europa Moderna*. São Paulo: Ática, 1998.

GNERRE, Maurizzio. *Linguagem, escrita e poder*. São Paulo: Martins Fontes, 1985.

GOODY, Jack. (ed.) *Literacy in Traditional Societies*. Cambridge: Cambridge University Press, 1968.

_____. *The Interface between the Written and the Oral*. Cambridge: Cambridge University Press, 1987.

_____. *The Domestication of the Savage Mind*. Cambridge: Cambridge University Press, 1977.

_____.; WATT, Ian. The Consequences of Literacy. In: GOODY, J. (ed.) *Literacy in Traditional Societies*. Cambridge: Cambridge University Press, 1968, pp. 27-67.

GRAFF, Harvey J. *The Labyrinths of Literacy*: Reflections on Literacy Past and Present. London: The Falmer Press, 1987a. (Tradução para o português publicada após a elaboração deste texto: *Os labirintos da alfabetização: reflexões sobre o passado e o presente da alfabetização*. Porto Alegre: Artes Médicas, 1994.)

_____. *The Legacies of Literacy*: Continuities and Contradictions in Western Culture and Society. Bloomington: Indiana University Press, 1987b.

_____. "O mito do alfabetismo". *Teoria e Prática*. Porto Alegre, n. 2, 1990, pp. 30-64. (Tradução de Tomaz Tadeu da Silva do artigo *Reflections on the History of Literacy:* Overview, Critique, and Proposals, 1981.)

> É de se notar, na versão para o português, a tradução inadequada no título, e também ao longo da obra, de *literacy* por *alfabetização*, e não por *letramento* ou *alfabetismo*, palavras já então presentes na área educacional.

GRAY. W.S. *The Teaching of Reading and Writing*. Paris: Unesco, 1956.

HAVELOCK, Eric A. *Preface to Plato*. Cambridge: Cambridge University Press, 1963. (Tradução *Prefácio a Platão*. Campinas, São Paulo: Papirus, 1996).

_____. *The Muse Learns to Write:* Reflections on Orality and Literacy from Antiquity to the Present. New Haven: Yale University Press, 1986.

_____. The Coming of Literate Communication to Western Culture. In: KINTGEN, E. R.; KROLL, B. M.; ROSE, M. (eds.) *Perspectives on Literacy*. Carbondale: Southern Illinois University Press, 1988. pp. 127-34.

HEATH, Shirley Brice. *Ways with Words:* Language, Life, and Work in Communities and Classrooms. Cambridge: Cambridge University Press, 1983.

_____. The Sense of Being Literate: Historical and Cross-Cultural Features. In: BARR, R.; KAMIL, M. L.; MONSENTHAL, P.; PEARSON, P. D. (eds.) *Handbook of Reading Research*. v. 2. New York: Longman, 1991, pp. 3-25.

KIRSCH, Irwin S., JUNGEBLUT, Ann. *Literacy:* Profiles of America's Young Adults: Final Report of The National Assessment for Educational Progress. Princeton, N. J.: Educational Testing Service, 1990.

LEVINE, Kenneth. "Functional Literacy: Fond Illusions and False Economies". *Harvard Educational Review*. v. 52, n. 3, 1982, pp. 249-66.

LEVINE, Kenneth. *The Social Context of Literacy*. London: Routledge; Kegan Paul, 1986.

LORD, Albert B. *The Singer of Tales*. Cambridge: Harvard University Press, 1960.

MCLUHAN, Marshall. *A galáxia de Gutenberg*: a formação do homem tipográfico. Trad. Leônidas Gontijo de Carvalho e Anísio Teixeira. São Paulo: Editora Nacional, 1977. (Tradução de: *The Gutemberg Galaxy*: the Making of Typographic Man, 1962.)

OLSON, David R. "From Utterance to Text: The Bias of Language in Speech and Writing". *Harvard Educational Review*. v. 47, n. 3, 1977, pp. 257-81.

ONG, Walter J. *Orality and Literacy:* the Technologizing of the Word. London: Methuen, 1982. (Tradução *Oralidade e cultura escrita:* a tecnologização da palavra. Campinas, SP: Papirus, 1998).

_____. Writing is a Technology that Reestructures Thought. In: BAUMANN, Gerd. (ed.) *The Written Word*: Literacy in Transition. Oxford: Clarendon Press, 1986, pp. 23-50.

RESNICK, Daniel P.; RESNICK, Lauren R. "The Nature of Literacy: An Historical Exploration". *Harvard Educational Review.* v. 47, n. 3, 1977, pp. 370-85.

SCHIEFFELIN, Bambi B.; GILMORE, Perry (eds.). *The Acquisition of Literacy*: Ethnographic Perspectives. Norwood, NJ: Ablex, 1986.

> Observe-se, no título da versão para o português, a tradução inadequada, que persiste ao longo da obra, de *literacy* por *cultura escrita*, em um momento em que o termo *letramento* já tinha sido introduzido na literatura educacional – cf. observação à referência à obra de Graff.

SCHOFIELD, R. S. The Measurement of Literacy in Pre-Industrial England. In: GOODY, J. (ed.) *Literacy in Traditional Societies.* Cambridge: Cambridge University Press, 1968, pp. 311-25.

SCRIBNER, Sylvia; COLE, Michael. *The Psychology of Literacy.* Cambridge: Harvard University Press, 1981.

_____. "Literacy in Three Metaphors". *American Journal of Education.* v. 93, n. 1, 1984, pp. 6-21.

SOARES, Magda Becker. *Literacy Assessment and Its Implications for Statistical Measurement.* Paris: Unesco, 1992.

STREET, Brian V. *Literacy in Theory and Practice.* Cambridge: Cambridge University Press, 1984.

UNESCO. "World Illiteracy at Mid-century: a Statistical Study". *Monographs on Fundamental Education.* 11. Paris: Unesco, 1957.

_____. *Recommendation Concerning the International Standardization of Educational Statistics.* Paris: Unesco, 1958.

_____. *Revised Recommendation Concerning the International Standardization of Educational Statistics.* Paris: Unesco, 1978.

WAGNER, Daniel A. "Ethno-Graphies: an Introduction". *International Journal of the Sociology of Language.* v. 42, 1983, pp. 5-8.

_____. MESSICK, Brinkley M.; SPRATT, Jennifer. Studying Literacy in Morocco. In: SCHIEFFELIN, B. B.; GILMORE, P. (eds.) *The Acquisition of Literacy*: Ethnographic Perspectives. Norwood, N.J.: Ablex, 1986. pp. 233-60.

_____. "Functional Literacy in Moroccan School Children". *Reading Research Quarterly.* v. 26, n. 2, 1991, pp. 178-95.

ZUMTHOR, Paul. *La lettre et la voix*: de la "littérature" médiévale. Paris: Seuil, 1987. (Tradução *A letra e a voz*: a "literatura" medieval. São Paulo: Companhia das Letras, 1993).

Alfabetização e cidadania

Este texto foi produzido para apresentação em seminário promovido pela Universidade Regional Integrada do Alto Uruguai e das Missões – URI, campus de Erechim-RS, em 1996. Naquele momento, como já se fazia nas décadas anteriores e como se continua fazendo ainda hoje, lutava-se/luta-se, no Brasil, contra o analfabetismo estabelecendo-se uma relação de causa-consequência entre alfabetização e cidadania. Este texto busca problematizar a pertinência dessa relação, insistentemente invocada a cada vez que se retoma a luta contra os persistentes ainda altos índices de analfabetismo no país. Por outro lado, pretende-se que o texto possibilite um aprofundamento da reflexão sobre a natureza ideológica e política da alfabetização e do letramento, já apontada no texto anterior.

O termo *cidadania* tem frequentado intensamente o discurso político e acadêmico a partir dos anos 1980, associando-se aos mais diversos fenômenos sociais: saúde e cidadania, habitação e cidadania, ecologia e cidadania, educação e cidadania, escola e cidadania... Não surpreende, pois, que me tenham proposto, como tema desta conferência, *Alfabetização e cidadania*. Entretanto, cabe perguntar: haverá relação entre *alfabetização* e *cidadania*? Que papel pode ter a *alfabetização* na construção e no exercício da *cidadania*?

A relação entre alfabetização e cidadania pode ser analisada sob duas perspectivas, aparentemente contraditórias: de um lado, é preciso *negar*, de outro, é preciso *afirmar* a vinculação entre o exercício da cidadania e o acesso à leitura e à escrita.

Comecemos pela *negação*: a alfabetização – o acesso à leitura e à escrita *não* é imprescindível ao *exercício* da cidadania, nem mesmo à *conquista* da cidadania – declaração com certeza inesperada e surpreendente, mas necessária, para que possamos desenvolver uma reflexão que nos salve de sermos ingênuos, utópicos ou simplistas.

Declaração inesperada e surpreendente porque a vinculação entre alfabetização e cidadania faz parte do senso comum: a concepção corrente é que só quem sabe ler e escrever é capaz de agir politicamente, de participar, de ser livre, responsável, consciente – de ser homem histórico e político: de ser cidadão. Na verdade, porém, essa concepção oculta os reais determinantes não só da *exclusão* da cidadania, mas também da *construção* da cidadania.

Pensemos, inicialmente, na primeira parte da negação: a alfabetização não é imprescindível ao *exercício* da cidadania.

A ênfase excessiva posta na alfabetização como fator determinante do exercício da cidadania e, correspondentemente, no analfabetismo ou no precário acesso à leitura e à escrita como causas da *exclusão* da cidadania oculta as causas mais profundas dessa exclusão, que são as condições materiais de existência a que são submetidos os "excluídos", as estruturas privatizantes do poder, os mecanismos de alienação e de opressão, tudo isso resultando na distribuição diferenciada de direitos sociais, civis e políticos às diversas classes e categorias sociais.

Na verdade, a exclusão do agir e do participar politicamente, longe de ser produto de uma "ignorância" causada pelo analfabetismo, pelo não acesso à leitura e à escrita, é produto das iniquidades sociais que, elas sim, impõem estreitos limites ao exercício dos direitos sociais, civis e políticos que constituem a cidadania. Basta que se considere a *coocorrência* de indicadores de exclusão: altas taxas de analfabetismo e outros indicadores educacionais (taxa de repetência, de evasão, de exclusão da escola etc.) ocorrem *ao lado de* baixas faixas salariais, maiores índices de subnutrição, de mortalidade, de expectativa de vida etc.

Portanto, ao pensarmos em alfabetização e cidadania, é preciso fugir a uma interpretação linear desses dois termos, atribuindo-lhes uma relação de causa-consequência, em que a cidadania seja tomada como consequência do acesso à leitura e à escrita; as relações entre alfabetização e cidadania – pois elas existem – devem ser entendidas no conjunto mais amplo dos determinantes sociais, políticos, econômicos que inviabilizam o exercício da cidadania por enorme parcela da população brasileira. Conclui-se que só se estará contribuindo para o *exercício* da cidadania se se contextualizar a alfabetização no quadro mais amplo dos determinantes da cidadania, atribuindo-lhe sua verdadeira dimensão e, ao mesmo tempo, e por isso mesmo, vendo-a, a alfabetização, como um meio, entre outros, de luta contra a discriminação e as injustiças sociais.

Por outro lado – e voltamo-nos agora para a segunda parte da negação – a ênfase excessiva posta na alfabetização como fator essencial à *construção* da cidadania ignora que não é o acesso à leitura e à escrita – mais que isso, não é nem mesmo a educação, a escola, de uma maneira mais ampla – que conduzirá o povo à conquista da cidadania; essa conquista se faz, fundamentalmente, por intermédio da prática social e política, dos movimentos de reação e reivindicação das organizações populares, expressões de uma cidadania em construção, pois evidenciam o povo participando, lutando por seus direitos sociais, civis, políticos, agindo como sujeito histórico, fazendo-se cidadão. Alguns exemplos podem tornar mais clara essa proposição.

A tardia conquista do direito de voto pelo analfabeto é um primeiro exemplo: essa conquista, de um lado, comprova, pelas acirradas polêmicas que suscitou, a arraigada resistência a reconhecer, no analfabeto, naquele que não sabe ler nem escrever, um cidadão (lembre-se de que os analfabetos constituem o grupo de excluídos que mais tardou a obter o direito de voto), e, de outro, testemunha o cidadão fazendo-se pela prática da reivindicação política, ainda que analfabeto.

Um segundo exemplo é a própria conquista da escola pelo povo, conquista que foi e é, essencialmente, um processo de conquista da cidadania: pelo reconhecimento de seu direito à escola e, em consequência, por sua luta pela escola, o povo foi-se fazendo e vai-se fazendo cidadão: não é a escola "oferecida", não é a "oferta" de vagas – destaque-se o "oferecer", o "ofertar", que supõem *doação* – que, por si só, fazem do povo cidadão; são a escola e as vagas vistas como direito, e conquistadas por intermédio da luta por esse direito, que fazem do povo cidadão.

Portanto, ao pensarmos em alfabetização e cidadania, é preciso, aqui também, e de novo, fugir a uma interpretação linear desses dois termos, atribuindo-lhes uma relação causa-consequência, em que a construção da cidadania seja vista como dependente da alfabetização; esta deve ser entendida como um componente, entre muitos outros, da conquista, pela população, de seus direitos sociais, civis e políticos.

> Cabe aqui lembrar, em aditamento à afirmação que se faz neste parágrafo, o grande educador brasileiro Paulo Freire, que foi quem sobretudo trouxe, não só para o Brasil, mas para todo o mundo ocidental, esta compreensão da natureza ideológica da alfabetização e do papel que ela pode desempenhar no processo de emancipação civil e política e de construção da cidadania. A esse respeito, ver o texto "Paulo Freire e a alfabetização: muito além de um método?", que segue a este.

Conclui-se que só se estará contribuindo para a conquista da cidadania se, ao promover a alfabetização, propicia-se, sobretudo, condições de possibilidade de que os indivíduos se tornem conscientes de seu direito à leitura e à escrita, de seu direito a reivindicar o acesso à leitura e à escrita.

A tentativa de desmitificar essas duas concepções a respeito da vinculação entre alfabetização e cidadania – o analfabetismo visto como causa da *exclusão* da cidadania, a alfabetização vista como fator essencial *à conquista* da cidadania – é que justificam a negação feita anteriormente: a alfabetização *não* é condição imprescindível ao exercício ou à conquista da cidadania.

Entretanto, afirmou-se inicialmente que a relação entre alfabetização e cidadania pode ser analisada sob a perspectiva da *negação* de uma vinculação entre esses dois fenômenos, mas também, contraditoriamente, pode ser analisada sob a perspectiva da *afirmação* de uma vinculação entre eles: uma vinculação entre o exercício e a conquista da cidadania e o acesso à leitura e à escrita. Passemos, pois, à afirmação: a alfabetização *é* instrumento na luta pela conquista da cidadania.

Se as considerações feitas anteriormente visaram a relativizar o papel da alfabetização na conquista e no exercício da cidadania, situando-a no conjunto dos determinantes dessa conquista e desse exercício, uma outra contextualização faz-se agora necessária: é preciso também situar a alfabetização no tempo histórico e no espaço social e político em que ocorre ou deve ocorrer.

A aquisição das habilidades de leitura e escrita repousa, para a maior parte das pessoas, no pressuposto de que essa aquisição não é mais que a aprendizagem de uma "técnica" neutra, intrinsecamente boa, que independe do contexto social específico em que ocorre – é o pressuposto de que está presente na visão do analfabetismo como uma "praga" a ser "erradicada" (até mesmo em culturas ágrafas, em que nem mesmo se tem um sistema de escrita, ou nem mesmo se tem o que ler...).

> Este pressuposto de que a alfabetização é intrinsecamente boa, ignorando-se suas relações com o contexto social, cultural e seu significado político e ideológico, insere-se no "modelo autônomo" de alfabetização e letramento, proposto por Brian Street em oposição ao "modelo ideológico", conforme já mencionado em textos anteriores deste livro; as afirmações feitas neste e no parágrafo seguinte são desenvolvidas de forma mais ampla no texto "Língua escrita, sociedade e cultura: relações, dimensões e perspectivas", presente neste livro.

Na verdade (o que se pode afirmar, aliás, sobre qualquer outra tecnologia), a alfabetização está enraizada em uma ideologia, da qual não pode ser isolada; o valor e a importância da alfabetização não são inerentes a ela, mas dependem da função e dos usos que lhe são atribuídos no contexto social. Atribuir à alfabetização um valor positivo absoluto revela uma visão etnocêntrica: estudos antropológicos e estudos históricos têm apontado o fato de que, em culturas ou grupos predominantemente orais, a língua escrita é, muitas vezes, vista mais como um mal que como um bem.

As sociedades modernas, porém, são fundamentalmente grafocêntricas; nelas, a escrita está profundamente incorporada à vida política, econômica, cultural, social, e é não só enormemente valorizada, mas, mais que isso, é mitificada (é frequente, por exemplo, a suposição de que na escrita é que está o discurso da verdade, que só a escrita é o repositório do saber legítimo). Neste contexto, a alfabetização é um instrumento necessário à vivência e até mesmo à sobrevivência política, econômica, social, e é também um bem simbólico, um bem cultural, instância privilegiada e valorizada de prestígio e de poder.

> Como exemplos dos estudos aqui mencionados, ver o capítulo "Lição de escrita", no livro *Tristes Trópicos*, de Claude Lévi-Strauss, e o livro *O Papalagui*, comentários do chefe de uma tribo da Polinésia, recolhidos pelo antropólogo Erich Scheurmann (Marco Zero, 1995, 5. ed.).

Assim, enquanto a posse e o uso plenos da leitura e da escrita sejam privilégio de determinadas classes e categorias sociais – como têm sido –, elas assumem papel de arma para o exercício do poder, para a legitimação da dominação econômica, social, cultural, instrumentos de discriminação e de exclusão. No quadro da ideologia hegemônica em sociedades grafocêntricas, não há possibilidade de participação econômica, política, social, cultural plena sem o domínio da língua escrita, não há possibilidade de participação nos bens simbólicos sem o acesso à leitura como bem cultural. Em síntese: não há, em sociedades grafocêntricas, possibilidade de cidadania sem o amplo acesso de todos à leitura e à escrita, quer em seu papel funcional – como instrumentos imprescindíveis à vida social, política e profissional – quer em seu uso cultural – como forma de prazer e de lazer.

É no quadro dessa ideologia, na qual se insere o nosso país, que o significado da alfabetização ultrapassa de muito a mera aquisição de uma "técnica" – o saber ler e escrever; o acesso à leitura e à escrita, como acesso a condições de possibilidade de participação social e cultural, é, fundamentalmente, um *processo político*, através do qual grupos excluídos dos direitos sociais, civis e políticos e dos privilégios culturais têm acesso a um bem simbólico que lhes é sonegado e que é um capital indispensável na luta pela conquista desses direitos e desses privilégios, na luta pela participação no poder e nas instâncias culturais de lazer e de prazer; enfim, na luta pela transformação social. Justifica-se, assim, a afirmação de que a alfabetização é um instrumento na luta pela *conquista* da cidadania, e é fator imprescindível ao *exercício* da cidadania.

Das reflexões desenvolvidas, infere-se que as responsabilidades dos que promovem e desenvolvem programas de alfabetização são inseridas em um objetivo maior, que é o de participar da construção de uma sociedade mais justa e da constituição de uma identidade política e cultural para o conjunto do povo brasileiro, filiando-se à luta contra as discriminações e as exclusões.

No quadro referencial dessas reflexões, cabe-nos colaborar na descoberta de soluções para o combate ao precário acesso que o povo brasileiro vem tendo à leitura e à escrita, mas soluções que *realmente* levem à inserção na cultura letrada, pois as soluções que têm sido propostas, tanto as soluções *escolares* quanto as soluções adotadas em movimentos de alfabetização de adultos, na verdade frequentemente camuflam, sob o pretenso "alfabetizado", aquele que, embora tenha aprendido a ler e a escrever, não se apropriou verdadeiramente da leitura e da escrita como bem simbólico de uso político, social e cultural, não se integrou realmente na cultura letrada: ao povo tem-se permitido que aprenda a ler e a escrever, não se lhe tem permitido que se torne leitor e produtor de textos.

E isso porque a introdução tanto da criança quanto do adulto no mundo da escrita vem-se fazendo, quase sempre, mais para controlar, regular o exercício da cidadania que para liberar para esse exercício. É uma introdução no mundo da escrita que não tem levado os indivíduos, particularmente os das classes trabalhadoras, além do *limiar* desse mundo, funcionando mesmo como fator de discriminação: alfabetiza-se para que o indivíduo seja mais produtivo ao sistema, não para que se aproprie de um bem cultural fundamental à conquista da cidadania; basta lembrar que, embora se ensine a ler e a escrever, dificulta-se, até impossibilita-se, o acesso à leitura: onde estão as bibliotecas escolares e públicas? Onde estão as livrarias? Onde está o livro a preço acessível?

Cabe aos promotores da alfabetização do povo e aos que a executam, por um lado, desvelar essa função politicamente distorcida que os programas de acesso à leitura e à escrita vêm quase sempre exercendo, e, por outro lado, encontrar e disseminar caminhos para que o acesso à leitura e à escrita seja marcado pelo significado que o vincula à conquista e ao exercício da cidadania. Se os administradores da educação, os professores, os alfabetizadores, compromissados que devemos ser com a construção de uma sociedade mais democrática, em que o exercício da cidadania seja plenamente garantido a todos, não assumirmos vigorosamente a reflexão sobre a alfabetização no quadro mais amplo de seu significado social, político, cultural, e de seu substrato ideológico, nossa atuação poderá continuar marcada pelo divórcio entre a alfabetização e a conquista de direitos sociais, civis e políticos – entre alfabetização e cidadania.

Paulo Freire
e a alfabetização:
muito além de um método

Este livro reúne, na primeira parte, textos sobre *concepções* de alfabetização e letramento e, na segunda, textos sobre *práticas escolares* de alfabetização e letramento, com o exclusivo objetivo de ordenar e sistematizar a reflexão sobre as diferentes facetas desses dois processos. Entretanto, essa estratégia metodológica pode levar à suposição de que é possível separar o que é inseparável; para evitar esse risco, a terceira parte busca recuperar a integração e a indissociabilidade de concepções e práticas e se encerra com uma reflexão sobre a proposta que mais plenamente realizou essa integração e provou essa indissociabilidade: a teoria pedagógica de Paulo Freire. O texto foi publicado na revista *Presença Pedagógica*, v. 4, n. 21, de maio/junho de 1998, na seção "Ponto de Vista", e traz a marca de dois condicionantes: primeiro, tendo sido produzido no momento em que se completava um ano da morte de Paulo Freire, o texto revela o desejo de, a pretexto da data, relembrar e reafirmar o significado da contribuição do grande educador à educação e à alfabetização; segundo, considerando a seção da revista para a qual foi produzido, o texto pretendeu expressar um "ponto de vista" pessoal, e de certa forma alternativo ao ponto de vista dominante, sobre o que se tem denominado "método Paulo Freire de alfabetização".

Há um ano, quando perdemos a presença física de Paulo Freire, um dos maiores, se não o maior, educador brasileiro, o noticiário dos jornais mencionou repetidamente um "método Paulo Freire de alfabetização", atribuindo mesmo a importância deste que foi um dos maiores, se não o maior, educador brasileiro a um método de ensinar a ler e escrever

> Paulo Freire nasceu em setembro de 1921 (Recife) e faleceu em maio de 1997 (São Paulo); este texto, produzido em maio de 1998, juntou-se àqueles que, naquele momento em que se completava um ano da perda de Paulo Freire, rememoravam o grande teórico e educador.

que ele teria criado. Assim, no dia seguinte à sua morte, a *Folha de S.Paulo* qualificava-o como o "criador da Pedagogia do Oprimido, método de alfabetização de adultos" (03/05/1997, primeira página do caderno "Cotidiano"), o *Jornal do Brasil* qualificava-o como o "pedagogo que criou um método revolucionário de alfabetização de adultos" (03/05/1997, primeira página do primeiro caderno).

Identificar Paulo Freire com um método de alfabetização e até, mais especificamente, com um método de alfabetização de adultos parece-me uma *incorreção* e uma *redução*.

Em primeiro lugar, por que uma *incorreção*?

Uma incorreção se se atribui a *método* o sentido restrito que essa palavra tem no vocabulário pedagógico (e que não é, necessariamente, o sentido que deveria ter).

> O conceito de método é discutido, nesta coletânea, no texto "Alfabetização: em busca de um método?".

Método, no campo da educação e do ensino, sempre foi entendido como modo de proceder, como conjunto de meios para orientar a aprendizagem em direção a um certo fim, como sistema que se deve seguir no ensino de um conteúdo. Esse entendimento está presente na tradição do ensino da leitura e da escrita mais marcadamente, sem dúvida, que no ensino de qualquer outro objeto de conhecimento – fala-se em alfabetização, pensa-se logo no método para alfabetizar, no caminho pelo qual se levará a criança ou o adulto a aprender a ler e a escrever: em um passado já distante, a soletração; depois (e até hoje?), a silabação, ou a palavração, a sentenciação, o método global... De forma mais abrangente, o caminho da parte para o todo (da letra ou da sílaba à palavra, à sentença, ao conto ou ao texto), isto é, o caminho em direção à síntese – os *métodos sintéticos*; ou o caminho do todo para a parte (do conto ou texto à sentença, à palavra, à sílaba, à letra), isto é, o caminho em direção à análise – os *métodos analíticos*; ou ainda a alternância entre a parte e o todo – os *métodos analítico-sintéticos*, ou *ecléticos*.

Assim, quando se fala em *método de alfabetização*, profissionais ou leigos pensam em método silábico, ou em método da palavração, ou em método da sentenciação, ou em método global... ou em uma associação eclética deles; e mesmo quando se fala em alfabetização *sem método* (como, inadvertidamente, muitos vêm hoje defendendo, numa concepção ingênua, pretensamente alicerçada em teorias recentemente incorporadas à prática da alfabetização, de que é possível ensinar alguma coisa sem método), profissionais ou leigos estão, na verdade, pensando em alfabetização que *não se faça* por silabação, ou por palavração, ou por sentenciação, ou pelo método global.

> O equívoco sobre a possibilidade de uma alfabetização sem método é discutido no texto "Alfabetização: em busca de um método?".

Se dessa forma restrita se entende *método de alfabetização*, é incorreto afirmar que Paulo Freire *criou* um método de alfabetização, é incorreto referir-se a um "método Paulo Freire de alfabetização". Aliás, é ele mesmo que, ao descrever sua proposta de alfabetização, no capítulo 4 de *Educação como prática da liberdade*, apresenta, em nota de rodapé, classificações de métodos de alfabetização e se inclui entre aqueles que propõem um "método eclético", que "abarca [...] a síntese e a análise, propiciando o analítico-sintético".[1] E mais: no fim desse mesmo capítulo, novamente em nota de rodapé, declara: "[...] nunca nos doeu nem nos dói quando se afirmava e afirma que [...] não fomos o 'inventor' do diálogo, nem do método analítico-sintético, como se alguma vez tivéssemos feito afirmação tão irresponsável".[2]

Mas Paulo Freire *criou*; e criou muito além de um método: criou uma concepção de alfabetização, no quadro de uma também nova concepção de educação. Não apenas uma concepção de educação como diálogo, que disso, realmente, não foi ele o inventor (terá sido Sócrates?), mas uma concepção de educação como *prática da liberdade*, educação como *conscientização*; e disso, realmente, foi ele o inventor. Não apenas uma concepção de alfabetização como método analítico-sintético de ensinar a ler e escrever, que disso também, realmente, não foi ele o inventor (provavelmente terá sido alfabetizado por ele, pois declara, em texto que produziu para a revista *Nova Escola* (dezembro de 1994), que "minha alfabetização [...] partiu de palavras e frases ligadas à minha experiência, escritas com gravetos no chão de terra do quintal)"; mas uma concepção de alfabetização, como meio de democratização da cultura, como oportunidade de reflexão sobre o mundo e a posição e lugar do homem. Talvez a citação seja um pouco longa, mas traz, nas suas palavras, a concepção de alfabetização que Paulo Freire criou:

> Só assim a alfabetização cobra sentido. É a consequência de uma reflexão que o homem começa a fazer sobre sua própria capacidade de refletir. Sobre sua posição no mundo. Sobre o mundo mesmo. Sobre o seu trabalho. Sobre seu poder de transformar o mundo. Sobre o encontro das consciências. Reflexão sobre a própria alfabetização, que deixa assim de ser algo externo ao homem, para ser dele mesmo. Para sair de dentro de si, em relação com o mundo, como uma criação. Só assim nos parece válido o trabalho da alfabetização, em que a palavra seja compreendida pelo homem na sua justa significação: como uma força de transformação do mundo. Só assim a alfabetização tem sentido. Na medida em que o homem, embora analfabeto, descobrindo a relatividade da ignorância e da sabedoria, retira um dos fundamentos para a sua manipulação pelas falsas elites. Só assim a alfabetização tem sentido.[3]

Assim, quando Paulo Freire se insurge contra as "lições que falam de Evas e de uvas a homens que às vezes conhecem poucas Evas e nunca comeram uvas",[4] não está se insurgindo contra o "método" que, das "palavras geradoras" *Eva* e *uva*, tira a "família" va-ve-vi-vo-vu, porque ele também propõe que das "palavras geradoras" *tijolo* ou *favela* se tirem as "famílias" ta-te-ti-to-tu, fa-fe-fi-fo-fu; está se insurgindo, isto sim, contra a distância entre Evas e uvas e a experiência existencial do alfabetizando, que empilha tijolos e mora em favela; está se insurgindo contra a alfabetização considerada apenas aquisição de uma técnica mecânica de codificação/decodificação, e não como um ato de reflexão, de criação, de conscientização, de libertação. Portanto: não é o método que é novo, não é um método de alfabetização que Paulo Freire cria, é uma concepção de alfabetização, que transforma fundamentalmente o *material* com que se alfabetiza, o *objetivo* com que se alfabetiza, as *relações sociais* em que se alfabetiza – enfim: o *método* com que se alfabetiza.

Em primeiro lugar, uma alfabetização que transforma o *material* com que se alfabetiza: como se disse, em vez de Evas e uvas, tijolos e favelas. E não se trata apenas de selecionar palavras do universo vocabular dos alfabetizandos – isso fazem também as cartilhas, para crianças ou para adultos, que selecionam *pato* para a "família" pa-pe-pi-po-pu, *bola*, para a "família" ba-be-bi-bo-bu... Não se trata, também, apenas de selecionar, nesse universo vocabular, palavras que atendam a uma sequência adequada de aprendizagem das relações fonema-grafema (das relações biunívocas à arbitrariedade das relações, das sílabas "simples" às sílabas "complexas") – como fazem as cartilhas. Na proposta Paulo Freire, trata-se, sim, de selecionar palavras do universo vocabular dos alfabetizandos, trata-se também de selecionar palavras que atendam a uma sequência adequada de aprendizagem das relações fonema-grafema, mas não se selecionam quaisquer palavras: selecionam-se aquelas carregadas de significado social, cultural, político, vivencial. Por exemplo: no Rio de Janeiro, selecionava-se *favela, comida, batuque, salário...* E palavras que não sejam apenas objeto de mecânicas operações de decomposição e recomposição, mas que se insiram no universo semântico de situações existenciais das quais brotem, plenas de significado. Na verdade, não só *palavras* geradoras, mas *temas* geradores.

Em segundo lugar, uma concepção de alfabetização que transforma o *objetivo* com que se alfabetiza: alfabetização não apenas para aprender as técnicas do ler e do escrever, mas alfabetização como tomada de consciência, como meio de superação de uma consciência ingênua e conquista de uma consciência crítica, como *promoção da ingenuidade em criticidade*.[5]

Finalmente, uma concepção de alfabetização que transforma as *relações sociais* em que se alfabetiza: o alfabetizando considerado não como aluno, mas como participante de um grupo; o alfabetizador considerado não como professor, mas como coordenador de debates; a interação entre coordenador e participantes considerada não como aula, mas como diálogo. O próprio contexto em que se alfabetiza é alterado: não a sala de aula, mas o Círculo de Cultura.

Em síntese: uma concepção de alfabetização que transforma o material e o objetivo com que se alfabetiza, as relações sociais em que se alfabetiza, é uma concepção que põe o método a serviço de uma certa política e filosofia da educação: com "Eva viu a uva", com o objetivo de levar simplesmente à aquisição das técnicas de leitura e escrita, com uma relação vertical de antidiálogo entre alfabetizando e alfabetizador, o método ignora quem o alfabetizando é e poderia ser, ignora seu contexto social e cultural – é a política e a filosofia da submissão, da domesticação; com "tijolo", com "favela", com o objetivo de levar ao mundo da escrita de forma reflexiva e crítica, com uma relação horizontal de diálogo entre alfabetizando e alfabetizador, o método assume e respeita o alfabetizando como sujeito ativo que traz experiências e sabedoria, que vive e *sofre* um lugar social – é a política e a filosofia da conscientização, da libertação. Quando se afirma que um método nunca é neutro, o que não é neutro não é seu arcabouço de procedimentos e técnicas; o que não é neutro são os conteúdos, os objetivos e as práticas educativas por meio dos quais o método se corporifica, se materializa. Tanto é isso verdade que os conteúdos, os objetivos e as práticas educativas propostos por Paulo Freire poderiam ser corporificados, materializados em um outro arcabouço de procedimentos e de técnicas – é, aliás, o que tem ocorrido: a concepção de alfabetização de Paulo Freire tem inspirado e orientado vários e diferenciados métodos de alfabetização.

Conclui-se que a proposta Paulo Freire de alfabetização não é, na verdade, a proposta de um *método*, pelo menos no sentido restrito que se dá a essa palavra na área da alfabetização. É, como se disse, algo muito além de um método de alfabetização, é uma nova e original concepção de alfabetização inserida numa política e numa filosofia da educação.

Por isso falar de um "método Paulo Freire de alfabetização" é não só uma incorreção, mas também uma *redução*. Paulo Freire criou não um método, mas uma teoria da educação, uma pedagogia, e o que se denomina como seu "método de alfabetização" é, na verdade, apenas uma das instâncias em que essa teoria, essa pedagogia se traduzem em uma prática. Aliás, talvez se possa dizer que essa pedagogia, reconhecida internacionalmente como a Pedagogia Paulo Freire (e aqui a palavra *reconhecida* é usada em seu duplo sentido: reconhecida significando *identificada* e reconhecida significando *valorizada*), se constituiu *pela* e *para* a prática da alfabetização que Paulo Freire experimentou, nos primeiros momentos de sua vida de educador, ao mesmo tempo em que essa pedagogia já então em gestação permitiu construir essa prática da alfabetização.

Assim, a contribuição de Paulo Freire para a alfabetização não foi um método, que inventores de métodos de alfabetização havia, há e haverá muitos, e nenhum deles teve, como Paulo Freire, livros publicados em mais de vinte línguas, nenhum deles foi, como Paulo Freire, Doutor *honoris causa* de 28 universidades, nenhum deles deu nome, como Paulo Freire, a 26 centros de pesquisa; a contribuição de Paulo Freire é, muito além de um método, uma nova concepção de alfabetização, no quadro da teoria de educação que, esta sim, ele criou. E esta nova concepção de alfabetização representou uma verdadeira revolução não só no Brasil, mas no mundo, no momento em que foi formulada por Paulo Freire.

Nesse momento – fim dos anos 1950, início dos anos 1960 –, a Unesco, para fins de padronização das estatísticas educacionais dos diferentes países, definia alfabetização simplesmente como a capacidade de "ler e escrever um curto enunciado a respeito da vida cotidiana" (recomendações de 1958); e Paulo Freire definia já alfabetização como conscientização, politização, meio de tornar o homem consciente de sua realidade e de sua possibilidade de transformá-la. Já em 1967, Paulo Freire publicava *Educação como prática da liberdade*, obra em que mais sistematicamente expõe sua concepção de alfabetização; a Unesco, mais de dez anos depois, ainda propunha, como se fosse um avanço, o conceito de *alfabetização funcional* (recomendações de 1978), que concebe a alfabetização como meio de *adaptação* às necessidades e exigências do meio social, uma concepção, portanto, ideologicamente muito distante da concepção de Paulo Freire, talvez mesmo contrária.

> Sobre as concepções de alfabetização da Unesco nas suas sucessivas "recomendações", ver, nesta coletânea, o texto "Língua escrita, sociedade e cultura: relações, dimensões e perspectivas".

Na literatura internacional sobre alfabetização, só nos anos 1980 surgem autores propondo concepções de alfabetização que, tal como Paulo Freire já o fizera mais de vinte anos antes, não a veem como uma prática neutra, orientada para a aprendizagem de técnicas de ler e escrever e de comportamentos de adaptação ao meio social, mas, ao contrário, a veem como uma prática construída socialmente, que tanto pode adaptar e submeter a valores, tradições, padrões de poder e de dominação quanto pode questionar esses valores, tradições, padrões de poder e dominação, levar à sua consciência crítica e ser um meio de libertação. David Barton, em obra recente,[6] mas que já se tornou referência indispensável nos estudos sobre aprendizagem e práticas de leitura e de escrita, afirma que só a partir dos anos 1980 surgem, no panorama norte-americano e europeu, obras apresentando novas concepções de alfabetização, e acrescenta: entretanto, trinta anos antes, já "o educador brasileiro Paulo Freire" tinha evidenciado os diferentes propósitos para os quais a alfabetização pode ser usada – para domesticar ou para libertar. É ainda importante lembrar que Brian Street, responsável pela distinção entre um "modelo ideológico" e um "modelo autônomo" de alfabetização, tão frequentemente citada e adotada desde a publicação de seu livro *Literacy in Theory and Practice,* em 1984,[7] reconhece em Paulo Freire a origem, mais de vinte anos antes, desse modo "ideológico" de conceber a aprendizagem da leitura e da escrita.

> Sobre os modelos "autônomo" e "ideológico" de Street, ver, nesta coletânea, o texto "Língua escrita, sociedade e cultura: relações, dimensões e perspectivas".

No quadro dessas considerações, conclui-se que Paulo Freire não criou um método de alfabetização; criou e, de certa forma, inaugurou uma nova concepção de alfabetização que revolucionou as concepções até então em circulação. No sentido restrito do termo "método", lançou mão, para a concretização dessa concepção de uma prática pedagógica, de propostas metodológicas já existentes; no entanto, concebendo politicamente e ideologicamente essas propostas, põe-nas a serviço de um projeto de construção de um novo homem, de uma nova sociedade, utiliza-as para a concretização de uma sua pedagogia, que é "do oprimido", mas é também "da esperança".

Por isso, métodos de alfabetização vão e vêm, surgem e desaparecem; Paulo Freire permanece e permanecerá, apesar de termos perdido sua presença física.

NOTAS

[1] FREIRE, Paulo. *Educação como prática da liberdade.* 5 ed. Rio de Janeiro: Paz e Terra, 1975, p. 117. [1. ed. 1967].
[2] Idem, p. 121.
[3] Idem, ibidem, p. 142.
[4] Idem, ibidem, p. 104.
[5] Idem, ibidem, p. 104.
[6] BARTON, David. *Literacy:* an Introduction to the Ecology of Written Language. Oxford, UK: Blackwell, 1994.
[7] STREET, Brian. *Literacy in Theory and Practice.* Cambridge: Cambridge University Press, 1984.

A autora

Magda Soares foi professora titular emérita da Faculdade de Educação da UFMG – Universidade Federal de Minas Gerais. Pesquisadora do Centro de Alfabetização, Leitura e Escrita (Ceale) da Faculdade de Educação da UFMG, graduada em Letras, doutora e livre-docente em Educação. Em 2017, recebeu o prêmio Jabuti de melhor livro de não ficção do ano com *Alfabetização: a questão dos métodos* (Editora Contexto). Também pela Contexto, publicou, como autora, *Linguagem e escola* e *Alfaletrar: toda criança pode aprender a ler e a escrever* e, como coautora, *O Brasil no Contexto 1987-2007* e *O Brasil no Contexto 1987-2017*.

LEIA TAMBÉM

ALFABETIZAÇÃO
A QUESTÃO DOS MÉTODOS

Magda Soares

Muita tinta já se gastou para discutir a alfabetização. Não resolver questões como quando e de que forma alfabetizar implica abrir mão de um ensino de qualidade, condição fundamental para uma sociedade verdadeiramente democrática. A persistência do problema e as controvérsias em torno dos métodos de alfabetização demandam uma reflexão profunda sobre o tema. E é isso que realiza Magda Soares nesta obra imperdível. Além de décadas de pesquisa, Magda faz questão de se manter próxima à realidade das salas de aula – discute o histórico do problema e apresenta os principais métodos utilizados. Mais do que isso, mostra que o método é caminhar em direção à criança alfabetizada. Nesse sentido, alfabetizadores precisam conhecer os caminhos da criança para orientar seus próprios passos e os passos da criança. Só assim é possível alfabetizar com método.

CADASTRE-SE
EM NOSSO SITE,
FIQUE POR DENTRO DAS NOVIDADES
E APROVEITE OS MELHORES DESCONTOS

LIVROS NAS ÁREAS DE:

História | Língua Portuguesa | Educação
Geografia | Comunicação | Relações Internacionais
Ciências Sociais | Formação de professor
Interesse geral | Romance histórico

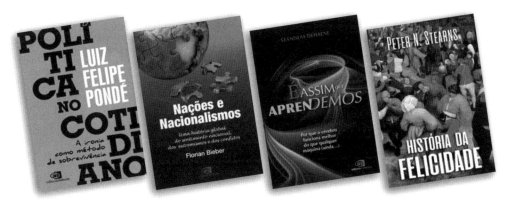

ou
editoracontexto.com.br/newscontexto

Siga a Contexto
nas Redes Sociais:
@editoracontexto

GRÁFICA PAYM
Tel. [11] 4392-3344
paym@graficapaym.com.br